我们一起解决问题

聪明却坐不住的孩子

多动型儿童养育指南

拉比◎著

人 民 邮 电 出 版 社
北　京

图书在版编目（CIP）数据

聪明却坐不住的孩子 ： 多动型儿童养育指南 / 拉比著. -- 北京 ： 人民邮电出版社，2023.11
ISBN 978-7-115-62629-5

Ⅰ. ①聪… Ⅱ. ①拉… Ⅲ. ①儿童多动症－儿童教育－特殊教育－指南 Ⅳ. ①G766-62

中国国家版本馆CIP数据核字(2023)第169006号

内容提要

现今，注意缺陷/多动障碍（ADHD）即多动症是导致学龄期智力正常儿童出现学习困难、行为问题和情绪障碍最常见的原因之一。然而，在过去几十年间，很多人对多动症有着各种各样的错误认识：如多动症是父母养育不当造成的；进入青少年期后，孩子的多动症会自动痊愈……这些错误认识使家长轻则找错了解决问题的方向，重则错过最佳的干预时机，甚至用不合理的应对方式导致孩子的症状加重。

本书作者结合10余年临床工作经验，从基础认知、家庭问题及学业困惑三个维度剖析了与多动症相关的核心问题，帮助读者了解多动症的界定、教养多动型儿童的核心原则，以及如何应对孩子在家庭和学校中遇到的一些常见问题等。此外，为了增加可操作性，作者结合游戏治疗提供了24个有助于提升儿童相关能力的互动游戏。

本书适合家有多动症轻症或倾向的孩子的父母阅读，能够帮助他们更好地理解孩子、接纳孩子和学习一些有用的技巧，以便孩子更好地成长和适应社会。

◆ 著 拉 比
责任编辑 黄海娜
责任印制 彭志环
◆人民邮电出版社出版发行 北京市丰台区成寿寺路11号
邮编 100164 电子邮件 315@ptpress.com.cn
网址 https://www.ptpress.com.cn
涿州市般润文化传播有限公司印刷
◆开本：880×1230 1/32
印张：9 2023年11月第1版
字数：150千字 2025年10月河北第12次印刷

定 价：59.80元

读者服务热线：（010）81055656 印装质量热线：（010）81055316

反盗版热线：（010）81055315

前言
PREFACE

➲ 走近“多动型”孩子

如果你此刻正在翻阅本书，相信你一定有过以下类似的育儿经历或困惑。

结束了繁忙的工作，你与爱人、孩子走进了一家期待许久的餐厅，伴着悠扬的小提琴声共进晚餐。但美好的氛围很快被你旁边的小家伙打破，他要么不停地用惊叹和兴奋的言语打扰你们，要么施展“分身术”随时出现在餐厅的各个角落……看着隔壁餐桌那个乖巧恬静的小孩，你刚刚被唤起的愉悦不由得再次化为惆怅……

你从不怀疑孩子的聪明伶俐，但是他们的“聪明劲儿”却总是让他们惹是生非。他们对什么都感兴趣，尤其是那些充满刺激和危险的新鲜事物。“乖巧”这个词似乎并未被收纳进他们的行为系统中，取而代之的是数不胜数的“叛逆”。如果你常常做梦，或许你不止一次梦到过他们遭遇飞来横祸，原因却如昆汀·塔伦蒂诺[①]的电影般富有戏剧性，比如掉进仙人掌丛、打开抽屉时看到毒蛇、抓鸟时坠落山崖……

每次孩子单独出门时你都会提心吊胆，这倒不是说每次他们回来时手里都会提着一只野鸡或兔子，而是他们通常会把自己搞得很邋遢。当然，如果此刻他们没有负伤或让别人负伤，就已经让人很欣慰了，毕竟在他们那稚嫩的皮肤上，再也容不下新的伤疤了。倘若恰巧你还有些许洁癖，那么你一定曾渴望把他们关起来，因为你早已厌倦了永不停歇的教育和失望……

你常常抱怨“人类为什么要说话”，只因为语言这门技能在这些孩子身上体现得过于淋漓尽致了——他们太能说了！他们是天生的“评论家”“批评家”“演说家”，你的任何观点都会引发他们喋喋不休的评论，你会禁不住猜测“莫非嘴是用来思考的器官”。

他们到底是怎样的孩子？他们的未来又会怎样？

再伟大的心理学家也无法预测一个人的未来，但可以肯定的是，作为人类的一种特质，既然上述现象普遍地发生在一些孩子身上，那么就一定存在与之对应的成人人格。所以，以下成人世界中的问题，或许你也曾经历过。

在交谈中，你很难忍受他人故弄玄虚，更受不了他人啰唆，对

---

① 意大利裔美国导演、编剧、演员、制作人。

自己已经明确的话题，你会阻止并打断他人的谈话；你直言直语，从不掩饰自己的情绪和观点，因为掩饰所思所想会让你极为憋闷；你很不愿参加冗长的会议，最不擅长应付那些商务面谈，你的善谈仅限于与你认同和认同你的人之间……

你不喜欢重复性强的工作，也不善于翻来覆去地思考一个问题的细节，相比而言，你更喜欢充满挑战的工作和充满变化的生活，虽然你也会因此感到焦虑或力不从心，但更不堪忍受生活的琐碎与平庸。因此，你可能会频繁地更换工作，职业生涯也因此曾变得支离破碎，然而这一切都不能阻止你"至死仍是少年"的冲动。

你的情感生活充满激情和浪漫，爱与性的界限并不清晰。可能你并非行为放纵之人，可能你对每一段感情都秉承过至死不渝的决心，但从一而终的爱情确实会给你带来更大的苦闷……

你也可能属于那些才华横溢的天选之人，一向我行我素，却顺风顺水。如果努力是必须的，那么你会更重视效率和效果，所以别人会误以为你是台永不停歇的"机器"，但其实你不过是个快乐、高效、自由的"超人"。

如果以上问题让你感同身受，并产生强烈的共鸣，你一定会猜测，我是如何预知的。你想得没错，我也是这样的人！而且，我还有一个这样的女儿！后来我还发现，我居然还有这样一个妈妈！当我彻底睁大了眼睛环顾四周时，发现我的外公、阿姨、舅舅、我单位的老师、亲近的学员、无间的挚友……当然，或许还有此刻阅读的你，我们都是这样的人。

➲ 本书的机缘

今年（2023年）是我从事儿童教育、心理行业的第15个年头，无论是教育指导还是临床干预，多动型儿童的案子总是最多的，而且在我看来多动型儿童也是最具挑战的一类孩子。在工作中，我总是能够很快地获得孩子们的信任，融入他们的世界，并给予他们更多的支持和帮助。强烈的同感力源于气质的相似性，我本人是典型的多动型人格，同时伴随着轻微的注意缺陷和学习方面的障碍。这使得我的整个学习生涯和成长过程，充斥着大量无效的努力和莫名的自卑，并且从小学开始便引发了相应的心理问题，直至整个中学阶段我都饱受着焦虑症与强迫症的困扰，成年之后更是在职业发展上遭遇各种挫折：自卑、懊恼、迷茫、痛苦、绝望……当心理学帮我揭示了命运的本质时，我逐渐重拾了梦想和自我，生活也变得熠熠生辉。

2019年，我有幸见到了我的职业偶像，美国临床游戏治疗专家海蒂·卡杜森博士。在学习过程中，我惊讶地了解到她本人是一名“资深”的ADHD（注意缺陷/多动障碍）患者，80岁高龄的她仍然在服用药物。有趣的是她完全不避讳这一问题，总是坦然地谈论着自己的这种特质，并常常自豪地把它当成自己工作和研究的重要资源。这段美好的学习历程，让我重新开启了看待自我和职业的方式，我期待自己也能够结合切身体会，给予这些被误解颇深的孩子更好的帮助。

2020年，我在壹心理平台策划的“花果山的猴子”多动症主题项目中主讲的课程颇受家长好评。2022年年底，我再次受壹心理的邀请，创作一本与注意力相关的、适合家长阅读的、简单实用又独具特色的书籍，我心中既兴奋，又倍感压力。如今，与儿童注意力相关的问题成为家庭教育和社会教育最为关注的问题之一，市面上关于ADHD的书籍层出不穷，虽然阐述的视角不同，但其中的观点、思想和方法，越来越趋于一致和稳定。那么我的这本书该如何写？写给谁？会有什么特色？它的意义又是什么？

本书的特点

首先，本书侧重于“多动型儿童”的成长问题，弱化了“多动症”的疾病取向。这种视角在儿童早期教育和气质类型研究中颇为流行，但由于对儿童早期问题关注的差异性及大众认知的局限性，该视角并未被广泛地提及和接受。更多时候，我们要么讳疾忌医地将问题看作性格特质，要么只关注疾病取向的症状干预。无论哪种，既不利于孩子融入环境，又不利于他们认同和利用自身资源。因此，我更希望帮助大众形成对这一群体的认知，无论他们是否达到 ADHD 的诊断标准，都不要影响我们正确看待和培养他们的方式。

其次，基于我与我女儿“同病相怜”的经历和思考，并且结合家长和孩子的切身需求。前三篇按照应用类型，分别介绍了基础认知、家庭中的问题和学业中的问题。前三篇各精心选择了 12 个核心议题。此外，在家庭篇中，我会尽可能地还原真实的场景，并且给予家长们具体的应对策略。同时为了便于应用，我还为大家提供了一些工具性表格，但这既不意味着这是一本“傻瓜工具书”，也不意味着你可以完全照搬书上的方案操作。教育的前提永远是理解，我更希望家长借助本书提供的框架，积极主动地搜集资料和拓展思维，在创造性的互动中深入体会孩子的世界，帮助他们做更好的自己，而不是将他们“改造”成“正常人”。在每一章的最后，我会对本章的内容进行“一句话总结”，由于“花果山的猴子”项目的影响力尚存，我将这部分命名为“大圣心法”，寄予了我对每个多动的“小猴子”蜕变成“齐天大圣”的真诚期待。

最后，我结合自己的工作经验，发明及改进了 24 个有趣的训练游戏。作为游戏治疗师，我深知游戏对于儿童成长的重要意义，由于现代教育文化的变迁，刻板的训练方式不再适合现在的孩子，尤其是多动型儿童。这些游戏的作用机理并不复杂，正如我所说，关于这一领域已经难有突破性的发展，所以我所做的更多指向于它们的形式——让这些游戏更具故事性和角色性，并兼顾延展性，无论是家庭亲子训练，还是机构专业训练，大家都能轻松上手。我比较担心的反而是在游戏的操作过程中训练者的姿态、情绪和互动细节，这些往往是决定训练是否有效的关键因素，通常需要系统的学习和专业化的训练，大家可以通过阅读其他相关书籍来获得相关的知识。

由于本书的定位是大众读物而非学术专著，书中提及的观点和理论并未呈现出处，很多观点和结论源自我个人的经验和临床实践，可能缺乏一定的学术客观性，因此本书并不适合作为学术专著进行考量。

最后要感谢北京大学医学部徐震雷老师的专业开蒙，感谢海蒂·卡杜森老师的精神引领，感谢沈健老师的职业教诲，感谢那些给予我信任的家长和孩子们。还要把感谢送给壹心理出版部经理张璐老师和人民邮电出版社策划编辑黄文娇老师。

目录

CONTENTS

认知篇

家庭篇

学业篇

训练篇

认知篇

第 1 章

好动、多动、多动型与多动症

不知道你有没有这样的感受，似乎“多动”的孩子越来越多，虽然很少有父母会带着孩子去医院做评估，但是他们都或多或少地担心过自己的孩子是否有多动症。好动、多动、情绪控制障碍、顽皮、多动症、冲动、注意力障碍、专注力不足……不知道你是否了解这些概念。貌似从孩子可以自主活动的那天开始，父母就担心起他们是不是有多动症了。即便这种担忧常常一闪即逝，但是从没有一种精神发育类疾病像多动症这样广受家长们的关注。而且更具戏剧性的是，很少有人能清晰地描述多动症到底是什么。这种模糊的认知导致了概念的滥用和误用，让父母和孩子进一步陷入无力和混乱的困境。因此在谈论应对方案之前，我们有必要先梳理一下这些基本概念。

➲ 好动与多动——儿童早期思维和探索的方式

孩子天生比成年人好动，从出生开始，他们便需要通过自主运动来冲破原始神经反射对行动的束缚，需要大量的运动提升自己对身体的掌控能力，还需要通过运动来进行普遍性的认知探索。18个月以后，孩子基本获得了支配身体的主动权，此时他们依然需要大量运动，就如同刚刚拿到驾照的我们，要想成为合格的司机，必须经历大量的练习并积累应对各种问题的经验。与此同时，孩子的运动还承载了更重要的成长任务，他们需要通过运动获取空间感知，并依赖动作的执行来构建事物之间的关系。发展心理学家皮亚杰将儿童早期的思维阶段命名为“感知运动阶段”，他用一系列实验证明儿童运动本身就是他们思维的过程，是儿童早期学习的核心方式。

中国有句老话——好吃的孩子不傻，好动的孩子不笨。我国的古人用经验得到了西方心理学家通过实验得到的结论。其实所谓“合理”和“可控”，都建立在人们对世界有了基本认知的基础之上，而“多动”让这些探索行为产生了天生的能动性，我们的祖先正是依赖永不停息的“动”，才创造了源源不断的智慧。孩子也正是源于这些“动”，才逐步构建出了解世界和认知自我的模型。因此，用成年人的标准来衡量儿童的“动”显然是不合理的。

现在，越来越多的家庭可以接受孩子正常发展中的好动与多动。“爱与自由”思想的普及，让更多家庭懂得了“接纳”的重要性，但同时也造成了另外一种局面——宠溺。相当一部分儿童早期的“多动”表现源于养育者的宠溺和在家庭中缺乏基本的教育约束。他们习惯于成为他人生活的中心，享受被关注和被偏爱，而当这些孩子脱离原有的安逸环境后，社会通常难以满足他们的需求，因此他们往往习惯于通过频繁的表现来获得环境的关注。由于积极的行为更难于实现，于是他们选择了叛逆、违拗的方式，所谓“顽皮”与“捣蛋”实际上是这类孩子寻求关注与获得重视的方式，然而，这往往加重了我们对其问题严重性的感受和评估。

当然，一般儿童也会因为上述原因而乐于表现，渴望在群体中获得优越感并不总是坏事，甚至其本质更符合进化论的观点。从动机的视角来看，“乐于表现”和“爱出风头”的行为可解读为：孩子追求自我的独特性。之所以通过“顽皮”“捣蛋”的形式寻求关注，或许是由于孩子在成长中缺乏积极的关注，较低的自我价值感让他们不惜忽视消极评价也要表达存在感。教养问题导致的“多动”是我们必须优先考虑的。有足够的证据表明，教养环境的改善可以有效缓解“多动”问题的严重程度，即便是对功能性的“多动障碍”，也能起到非常好的改善作用。

➲ 多动型气质——一种独特的人格气质类型

我们每个人都是独特的，即便受相同的教育方式和生活环境所影响，依然无法抹杀人格的独特性。科学家们将这种与生俱来的、对内在或外在刺激的反应模式称为“气质”。从广义角度来看，没有两个一模一样的人，说明每个人的气质都是独特的。但从狭义角度来看，我们人格的共性远大于个性差异。基于进化的选择性原则，只有适应环境的基因性状才能熬过“优胜劣汰”而被保留下来。因此，只要是具有共性的气质，都不应该用“好”与“坏”对其进行定性。作为占比达到 10% 以上的多动型群体，对人类演化的过程做出过巨大的贡献，因此不能否定多动型气质的价值。

由于受到“多动症”这一概念的负面标签化影响，“多动型气质”的概念在应用上并不广泛，但对它的研究和探索却由来已久。早在 1977 年，心理学家托马斯和切斯就用 9 个维度系统地对儿童的气质特点进行分类，最终总结为三种核心气质类型，后来的学者通过进一步研究，发展出第四种类型——蒲公英型气质，对应的就是我们提到的“多动型气质”。而流传更为广泛的是 20 世纪中叶由英国心理学家艾森克编制的艾森克人格问卷（EPQ）。其中所提及的“胆汁质”型人格，描述的就是多动型气质的孩子成年后的人格特质。

因此，无论是在儿童群体还是成人群体中，“多动型气质”都不少见。这部分人群在婴儿期就表现出精力旺盛、活泼好动的典型特点，同时他们思维敏捷、反应迅速、性格多外向、好奇心强、爱好广泛、待人热情、单纯直爽，但是性子比较急躁、做事冲动、马虎、缺乏耐心。所以他们成长中的小挫折不断，在日后的学习、工作和生活中也表现得很不稳定。

倘若单从行为表现来看，“多动型气质”儿童与“多动型障碍”的患儿[①]极为相似，而错误的教养认知强化了外显症状的表现，故大量孩子被过度诊断或错误对待，进而让二者更加难以区分。典型的多动型儿童通常可以顺应基本的学习要求，不仅可以根据环境变化调整自我约束性，还能在自己感兴趣的方面保持较高的专注水平。我女儿就是这类群体中典型的一员，她在自己感兴趣的拼图、绘画、弹琴等活动中，都能保持较高的执行水平，但是更容易被其他事情所干扰，在生活中的大多数时间里，尤其是在被误解、激惹、强迫做事的时候，就表现得与多动症儿童如出一辙。

➲ 注意缺陷 / 多动障碍——一种多重执行功能障碍

“多动症”（学名：注意缺陷 / 多动障碍，Attention-Deficit/Hyperactivity Disorder，ADHD），单从字面意思来看，这真的是一

① 在本书后文中，出于方便，我将用“多动型儿童”指代多动型气质儿童，用“多动症儿童”指代多动型障碍的患儿即患有多动症的儿童。

种疾病，或者更准确地说是一种障碍。那么什么是障碍呢？简单来说就是其他人都可以做到，但患者明知道该怎么做，就是做不到。例如，当我们感冒了，我们不想咳嗽和流鼻涕，但却做不到。多动症儿童也是如此，他们罹患的是无法让自己保持专注的障碍，这就意味着：他们明知道“做事情要专心”“上课不能动来动去”“打断别人讲话会遭人讨厌”“深思熟虑才能不犯错误”……但是他们就是做不到！

这种障碍的表现程度有很大差异，临床诊断通常会以“轻”“中”“重”来区分，“轻度”多动症儿童与多动型儿童是很难区分的。这就产生一个问题，到底该如何界定多动症？若是功能上出了问题，根据其功能损伤程度的差异，是否可以把多动型儿童纳入其中——事实上疾病诊断的趋势也大抵如此，1997 年美国患有多动症的儿童仅占 6%，而在美国 2022 年疾病预防控制中心的一项报告中显示，有 640 万 4 岁至 17 岁的儿童或青少年被诊断患有多动症，占该年龄组儿童或青少年的 11%。这与典型的胆汁质人格在总体人群中的占比（10%）相当。那么我们到底该将多动型气质看成一种轻微的病态呢？还是把多动症看成常态的一种特异化表现呢？论述这种差异的意义又是什么呢？

对上述问题，我也无法给出清晰的答案。但是我的工作经验告诉我，过早地给孩子贴上“病”的标签，对于家长来说是多么痛苦的一件事。而对疾病的恐惧会导致家长对孩子问题的忽视、回避和错误对待，因此作为心理工作者，我更希望促进家长们及时面对问题和处理问题。此外，这两个群体在家庭教养和日常训练等方面的需求具有极大的相似性，也就是说，对多动型儿童有帮助的方法对多动症儿童同样有效，只是程度不同。更重要的是，这种程度的差异，通过除药物治疗外的其他方式很难得到改善。因此，与其遮遮掩掩地讳疾忌医，不如心安理得地以“气质”定性泰然处之。这种视角不仅可以为孩子提供更早、更全面的积极干预，还能够改善外部环境因素，让孩子获得更多的尊重和合理的对待。

大圣心法

每个孩子都爱动，多数爱动都没病。

第 2 章

多动症的界定标准是什么

事实上，要想确认一个孩子是否患有多动症还真不是件容易的事，症状学在发展之初就通过外显性症状的表现程度来定义疾病和疾病的严重程度。虽然前沿研究表明，多动症儿童的大脑神经组织结构和发展可能偏离正常的方向，但是想在临床评估中得到明确的证明并不容易。当评估和诊断再一次依赖于行为表象本身时，就难免带着时代的精神和文化的主观性。

➲ 多动症研究的发展简史

早在 1775 年，多动症便作为一种特别的、可识别的行为现象被发现，这种注意力缺乏症被归因于糟糕的育儿实践；到了 1798 年依旧如此，而且这种观点更被科学家所认同；到了 1902 年，这一问题被附带上了社会准则的框架，这些孩子被认为具有无法自觉约束自身行为且考虑不到行为给自身和他人带来何种后果的能力障碍；随着科学的发展，在随后的几十年中，临床科学家逐渐把目光集中在成因上，认为多动症是一种大脑功能障碍。由于大部分儿童并没有被查出具有明显的脑损伤，科学家最终只能将其定义为“轻微脑功能失调”。而后研究视角又一次转变，科学家开始推测这个问题是否跟神经起源有关？因此把它叫作“运动机能亢进”。

直到 20 世纪 90 年代以后，临床科学家的目光开始从关注多动症儿童具体的社会交往问题的微观视角移开，再次投向了关注多动症儿童的长期社会性发展问题的宏观视角。研究发现，多动症患者不仅仅表现为在某个时间段多动或者注意力涣散，也不是缺失把今天的工作做完的能力，多动症是指一个人组织自己行为及规划未来生活的能力的相对损伤。这是一种多重执行功能障碍，涉及冲动抑制和自我约束、自我指导的自我意识、跨越时间的自我意识、内部言语指导和自我对话、情绪管理和自我驱动，以及自我指导和创造性解决等六大方面。

当然，对于这些概念的界定与评价工作依然属于专业领域的少部分人。但是通过对多动症诊断学的研究和探索历史的了解，我们可以更深入地了解它存在的客观性和主观性。简单来说，它存在的客观性表现在：它由来已久，并且确确实实表现出对个体成长的真实且可预期的影响；它存在的主观性表现在：我们对它的看法极具时代性和科学历史局限性。

幸运的是，当今我们对多动症的态度宽容了很多，淡化了对人格异常的定性，而且把问题集中反映在具体行为方面，这给予我们的干预和治疗一种非常有效的方向，同时体现了对这类人群的宽容和尊重。

➲ 多动症的基本界定原则

我们现在常说的“多动症”其实只关注了“多动”的外显症状表现，其标准的学术名称为“注意缺陷 / 多动障碍”（ADHD），涉及“注意障碍”和“多动和冲动”两个方面，满足其一即可确诊。这就意味着，大量“多动”的孩子，不一定伴随注意缺陷层面的问题。而当下对“多动和冲动”的临床评估，依然更多依赖于父母描述的“量”的程度，而非“质”的层面。因此，清楚地了解医学层面对“量”的尺度和标准，有助于我们对自己的孩子当下面临的问题及其严重程度做出判断。

《精神障碍诊断与统计手册（第五版）》（DSM-5）对 ADHD 的诊断标准如下。

（1）一个持续的注意缺陷和 / 或多动 – 冲动的模式，干扰了功能或发育，以 Ⅰ 型（注意障碍）或Ⅱ型（多动 – 冲动）为特征。

（2）若干注意障碍或多动 – 冲动的症状在 12 岁之前就已存在。

（3）若干注意障碍或多动－冲动的症状存在于 2 个或更多的场合（例如，在家里、学校或工作中；与朋友或亲属互动中；在其他活动中）。

（4）有明确的证据显示这些症状干扰或降低了社交、学业或职业功能的质量。

（5）这些症状不能仅仅出现在精神分裂症或其他精神病性障碍的病程中，也不能用其他精神障碍来更好地解释（例如，心境障碍、焦虑障碍、分离障碍、人格障碍、物质中毒或戒断）。

为了更好地强化重点，以及与其他原因导致的“多动”进行区分，我会对上述个别条目进行简单的补充。

第一条中涉及的两个亚型（注意障碍和多动－冲动），我会在之后的篇幅中着重说明；

第二条对年龄的说明简单明了，我们对此不进行过多解释；

第三条的场合说明尤为重要，将场合定义为 2 个及以上可以有效地避免家长将特定不良关系模式导致的“多动”行为误解为是多动症的表现，并强调了多动症的功能性特点，也就是无法控制的特质；

第四条是对程度定性的重要标准，很多孩子只是表现出“淘气”和“顽皮”，但是在学业和人际关系方面表现良好，这些孩子不应被盲目定义为多动症儿童；

第五条是专业的鉴别诊断，作为非专业人士，我们有一定的认知储备即可，也就是意识到儿童“多动”的时候，要考虑到是否与上述条目中涉及的因素有关，若涉及，需要优先解决致病因素。

大圣心法

问题之所以是问题，大部分原因在于评价它的人不喜欢它。

第3章

如何评价“多动”的程度

在前文中我们曾说过，临床医学对多动症的评估依赖于“量”，这与我们凭“感觉”去评价不同。生活中我们常常用“可严重了”“有点严重”“不太严重”这样的描述来形容问题的严重程度，其本质上反映了与我们的主观期待间的差异所带来的情绪。虽然我们无法也无须专业地对儿童行为进行定性评估，但是“客观评价”却极为重要。它不仅可以拓展我们对儿童行为的观察视角，让我们更全面地理解儿童，还可以让我们对儿童行为发展的变化进行有效的跟踪，从而及时关注教育与环境中的影响因素。

想“客观”“全面”“有效”地对行为进行评估，并不是件容易的事，一是源于环境和认知层面的局限，二是基于我们的经历和情感偏好。因此，我依然选择DSM-5对于ADHD中的“多动–冲动”这一亚型的诊断标准作为参考依据。不过，这并不是说我们可以取代专业评估过程。正是因为临床医学诊断标准是基于我们对遇到的困难进行了大量的数据筛查、分析和评估而最终得出的。因此对于大多数读者而言，我们更应该关注以下分类性描述的视角，而非偏执于进行定性诊断。

➲ DSM-5 中关于“多动 – 冲动”（Ⅱ型）儿童的诊断标准

DSM-5 对于“多动 – 冲动”（Ⅱ型）儿童的诊断标准[①]如下，若儿童满足 9 项中的至少 6 项且症状持续至少 6 个月，并且达到了与发育水平不相符的程度，并直接负性地影响了社会和学业 / 职业活动，或年长的青少年（17 岁及以上）和成人满足至少 5 项，建议及时去医院做专业诊断评估。

第一条　坐立不安，拍手跺脚，或在座位上扭动。

说明　典型Ⅱ型的儿童经常会不自觉地、无缘由地动来动去，并且在环境和规则对他们的行为有所束缚的时候表现得更为强烈，我们常常说的“屁股上长了钉子”“身上有虫子”，就是在描述这类行为。我们通过仔细观察可以发现，他们的行为与意识常常不一致，有时即便他们表现出对外部环境的积极关注，身体依然会不由自主地扭动，甚至越专注，扭动得越频繁。

---

① 本书关于“多动 – 冲动”儿童和“注意障碍”儿童的诊断标准参考了《理解 DSM-5 精神障碍》。

第二条　不能保持坐姿（在教室、工作场所）。

说明　与无法专心听课不同，很多孩子即便动来动去，依然表现出主动或被动地倾听，他们只是单纯表现出难以控制行为并保持安静，或者像随时有别的事等着去做。在学习（或工作）环境中，需要大脑高度兴奋，因此大脑对行为的管控自然弱了下来，导致他们常常出现不可控的行为，例如，把书本弄掉、把笔芯弄断，甚至从椅子上摔倒。在听课的时候，他们也会感到强烈的躁动不安，必须通过晃动身体来排解焦虑，并保持兴奋。

第三条　在不合适的地方四处奔跑或攀爬。

说明　除了过分活跃以外，这条的重点在于他们对危险的结果缺乏预知性，即便你曾不厌其烦地告知，他们还是会对这些行为着迷。对于多动症儿童而言，冒险意味着勇敢，因此他们常常因为沉溺于行动本身而忽视了危险的存在。

第四条　不能安静地玩耍或进行休闲活动。

说明　这与我们常说的“离不开大人”不同，重点在于“不能安静”。一旦大人离开就变得躁动不安的孩子并不属于此类。多动症儿童的游戏或活动，通常充斥着吵闹和破坏。对于那些需要安静和耐心才能完成的项目，他们的兴趣可能转瞬即逝，对他们来说，与完成一幅拼图相比，把它们弄坏会更加有趣。

第五条　总是“一刻不停地动”，就像上了发条。

说明　本条的重点在于“一刻不停”！他们能量充沛，做什么都风风火火，而且总像有做不完的事。但是这些行为缺乏计划性，甚至随时都可能改变，有时候他们无比坚持某个想法，还没开始多久就半途而废了。他们几乎不需要休息，一刻不停地寻找着快乐和有趣的事做，如果没有有趣的事，他们就想尽办法把手头的事变成或者看成有趣的事，所以我们总是看到这类孩子莫名其妙地兴奋和快乐。

第六条　说话太多。

说明　“说话”也是一种“行为”表达，从他们会说话那一刻起他们就几乎管不住自己的嘴，他们会不分场合地说个不停。或许早期我们还会把这一能力视为优点，但用不了多久就不堪其扰，他们“纯良”的个性总是令他人难堪，逐渐引发了社交方面的问题。

第七条　在一个问题完整提出前，将答案脱口而出（例如，可能快速接别人的话，会谈中急不可待地发言）。

说明　每个班级里总有几个这样“爱接话”的学生，他们可能并非特立独行、顽劣可恶，也不是寻求过度关注或者自命不凡，他们只是单纯地控制不了自己。如果把每个人比作一辆小汽车，那么这些孩子的刹车片一定是假冒伪劣的。在他们的世界里，“想到”与“做到”不存在距离，或许有时他们也会感到羞涩，但是这并不代表他们会因此而减缓下一次的反应速度。

第八条　难以等待轮到自己，如排队。

说明　其实不仅仅是排队，任何需要“轮流”或“等待”的规则对他们来讲都是莫大的挑战，他们并非单纯的心有不甘，虽然他们也会跟你抱怨，但更多时候，问题依然源自难以耐受等待的无趣和对行为的约束。他们难以面对“欲望”与“得到”的时间差，行为总是以“光速”连接想法。

第九条　打扰或侵犯他人（例如，谈话、游戏或活动中，插嘴或打断；或未经同意使用他人的物品），年长的青少年和成人抢过他人正在做的事。

说明　这里指一切因行为控制不当所导致的对社会规则和人际互动关系的破坏和影响，并且从“逞强好胜”到“蛮横粗野”不等。道德对于此类儿童的约束力相对较差，他们与长辈交流总是表现得“没大没小”，但不同于不懂礼貌和缺乏教养，他们只是单纯的“一视同仁”，成人想在他们面前卖弄权威便是自讨没趣。

我们可以发现，若将多动症视为“功能性”问题，它理应表现在所有条目中。这相当于汽车的刹车坏了，在任何路况下都不会有什么好转。但之所以在诊断时要求“满足 6 条”，主要是为了消除评价的主观性和遗漏性。大家在将孩子的表现与这些条目比对时，需要关注的核心是“无法控制”或“控制不住”的本质，我们称其为“抑制功能障碍”，而不是纠结于具体是哪些情境或哪种行为。

同时，既然是症状，就涉及程度差异，如“说话太多”，该条目并未在程度上做严格的定义或说明，这就给我们留出过大的主观弹性，甚至我们也会忽略该行为产生的背景。这再次说明评估对

“量”的偏重，而非对“质”的追溯。因此，读者在应用时也无需做更多、更细致的思考，仅从一般认知和感受上进行评定，即可起到初步筛查的作用[①]。

对于非症状性“多动”儿童，我们通常会在3～5项条目中找到他们的行为迹象，或者在多于6项条目中可以看到一些蛛丝马迹，但是又达不到影响生活的严重程度。这时，我们不妨将其视为多动型儿童。当教养不当或未得到积极干预时，他们的表现也会逐渐接近评估标准，但通过及时有效的调整和改善，症状会很快缓解，这也成为鉴别诊断的重要线索之一。

大圣心法

真正的病，从不会看人下菜碟。

① 本书中的条目和内容不作为专业评估的依据，仅供读者参考，若孩子的多动行为已经影响其正常学习与生活，请及时就医。

第 4 章

不爱动的孩子也可能有“多动症”吗

很多家长可能很困惑，虽然自己的孩子谈不上内向或者少言寡语，但怎么看也不像“上了马达”或者“装了发条”。恰恰相反，这些孩子总是显得呆呆木木的，干什么都好像慢半拍的样子，学什么东西也很费劲，找了心理咨询师干预，却说孩子可能是多动症！去医院得到的诊断也是如此，这是怎么回事？

正如我们在前文提到过的，“多动症”其实是俗名，它的学术全名是“注意缺陷 / 多动障碍”，DSM-5 中将其划分为两个亚型，满足其中一个，就可以被确诊，这类孩子的特点就恰恰满足第一个类型（注意障碍）。或许你会感到奇怪“为什么这两种看似完全不同的问题被归为一种障碍呢”，其实在于它们有着相同或相似的病理学成因，这两种类型孩子的问题都是由相同的大脑功能障碍引发的，只是一部分孩子的问题通过“多动”表现出来，另一部分孩子的问题通过“回避”表现出来。而正是这个原因，常常导致有“回避”表现的孩子的问题被发现得很晚，这类孩子更多时候会被误解为“反应慢”“有心事”或罹患某种“学习障碍”。

虽然本书倾向于关注多动型儿童，但书中提到的训练方法同样适用于“注意障碍”儿童。出于知识的完整性，以及相关读者的切实需要，我们依然要关注这类问题。本节依然引入 DSM-5 的诊断标准，并对一些重要内容作了相应的说明。与（Ⅱ）型类似，“注意障碍”（Ⅰ型）儿童的筛查标准同样是儿童满足 9 项中的任意 6 项，年长的青少年（17 岁及以上）和成人满足 5 项，具体条目和说明如下。

➲ DSM-5 中关于“注意障碍”（Ⅰ型）儿童的诊断标准

第一条　经常不能密切关注细节，或在学业、工作任务中犯下粗心大意的错误。

说明　这类问题一定不是偶发的，通常是反复叮咛依然不合常理地再犯，而且问题不限于同一类型，就如打地鼠一般，常常“按住这里”，问题又从“那里出来了”。令人不解的是，这些出问题的领域往往在儿童的能力范围内，甚至让他们再看一次就能自行检查校正。

第二条　难以持续关注任务或娱乐活动，如在演讲、对话或长时阅读期间。

说明　我们常常把孩子无法集中精力归因于他们不喜欢，但是这类孩子似乎做什么都三分钟热度，即使他们明确活动的意义，并且努力坚持，也常常因时间的推移而变得六神无主，做事情总是半途而废。

第三条　当别人对其说话时，看似不在倾听（心思似乎在别处）。

说明　几乎所有教育者都受不了那种“充耳不闻”的孩子，他们似乎对任何事情都表现得心不在焉，无论你如何强调都难以获得他们的密切关注，常常“说完就忘”，甚至还没说完呢，前面就记不住了。更主要的是，他们也表现得很无辜。

第四条　不遵循指示以致不能完成作业、家务或工作任务（或能开始任务，但很快就不再关注了）。

说明　通常他们并不会在一开始就拒绝参与工作（或学习），但慢慢地就变成拒绝听从指令了。你会明显感觉到他们的畏难或拖延情绪，而不是强烈的对抗。

第五条　经常难以使任务和工作井然有序（例如，不能很好地管理时间；工作乱七八糟，缺乏组织；错过工作截止时间）。

说明　他们做什么事都一团糟，更谈不上计划或管理了。让他们做计划如同做应用题一般困难，你可以从他们脸上明显看到那种莫名其妙的压力，而提醒他们按计划做事时，他们也会感到愤怒。

第六条　经常回避或不喜欢需要持久精神努力的任务，例如，学校作业或家庭作业。年长的青少年和成人回避准备报告及完成表格等。

说明 重点在于“持久精神努力”。随着年龄的增长，周围环境对儿童思维的持续性和深入性要求越来越高，这使得他们面临的困难也越来越明显，很多孩子的多动症都是在上学阶段才因学业问题而被发现的。

第七条 经常丢失任务或日常生活所需的物品，如学校试卷、书本、钥匙、钱包、手机和眼镜。

说明 “丢三落四”是对这类儿童最精准的描绘，他们似乎对什么事情都漠不关心，无论你如何嘱咐，他们依然会我行我素，他们不是不知道自己犯错了，也不是不恐惧你的威严，他们只是单纯地一次又一次的“忘了”。

第八条 容易分神。

说明 这是一种不分场合的行为，不限于他们在执行任务或被动倾听时的无奈，即便他们只是单纯地吃东西、看电视，哪怕是坐在那儿，也会莫名其妙地走神，或者被其他东西吸引，或者被奇怪的念头带走。

第九条 遗忘日常任务，如做家务、跑腿，年长的青少年和成人或会忘记回电话、支付账单、按时赴约。

说明 这项条目专门针对年龄较大的孩子或成人群体，该症状会随着年龄的增长而降低，其表现也略有不同，但其本质是一样的。

与（Ⅱ）型不同的是，（Ⅰ）型中的描述可能在儿童群体中更为普遍，其背后的成因也各不相同，比如“容易分神”可能由焦虑导致，也可能受近期事件的影响；可能由睡眠障碍导致，也可能源于智力问题，因此，通过单一描述是无法确诊的。

大圣心法

发动机坏了，可能让汽车横冲直撞，也可能让它打不着火。

第 5 章

到底是哪里出了问题

那么到底是什么原因让孩子出现了“多动”的问题呢？虽然科学家对此已经持续研究了两百多年，并且逐步接近真相。但到目前为止依然没有一个足够明确的结果，让我们可以有效预防及根治这类问题。若仅以“多动－冲动”的表现程度为标准，那么很多问题都可以成为致病原因，例如，孩子的情绪波动、饮食问题、心因性疾病、器质性疾病等。而我们要讨论的病因主要指向功能性问题，也就是孩子天生具备的自然属性所引发的注意力缺陷和自我控制能力不良。基于当前的研究，关于其病理的探讨大致分为遗传气质说、神经功能失调说和外因诱发说三种。

➲ 遗传气质说

与多动症关联最强的因素是儿童早期的气质类型。气质是一种不依赖后天养育环境的、天生的人格特质。根据托马斯和切斯的研究，可以将婴儿的表现分为九个因子，再归为三种核心类型（容易型、困难型和迟缓型），后又发展出第四种类型，称为“蒲公英型”。这类群体天生就拥有更强的运动能力、更低的反应阈值，更低的专注度和更高的注意力分散度，其行为表现与多动症儿童的症状表现高度相似。因此我们不妨大胆假设，多动症原本就是一种气质的极端表现，与其他气质类型一样，它同样具有进化意义，也就是说，这类“症状”表现具有（或具有过）极其重要的生存价值，把它认为是一种病，完全是时代的偏见。

持这种论调者，不认为该类群体需要“治疗”并拒绝使用“治疗类”词汇——没有“病”为何要“治疗”。但出于该特质导致的适应性不良所带来的切实影响，他们会将“提升适应性”和“改善功能”作为干预目标。由于职业原因，我个人更倾向于此种视角，不仅是由于它更符合临床心理咨询的逻辑，更重要的是它所持的人本主义态度，这有利于我们更踏实、更自信地面对困难和挑战。

既然“问题”是天生的，我们自然会想到是否与基因有关系？有足够清晰和有力的证据表明，多动症是可能遗传的，有研究表明该障碍与遗传因素高度相关，遗传度为 75% ～ 91%，即 75% 以上的基础症状由遗传导致。但是该基因并非显性遗传，也就是说，即便父母没有被诊断为 ADHD，倘若带有相关基因，孩子也有可能是 ADHD 儿童。正如你所惊讶的一样，确实有很多家长因为孩子被确诊，才意识到自己也是多动症患者。可想而知，一个患有多动症的家长去教养一个多动症儿童，那画面将是多么混乱不堪啊！因此，除了“遗传”因素以外，教养模式或许是导致“问题”和“症状”的另一个重要因素。这种论调为后天干预的有效性提供了重要的理论依据。

神经功能失调说

基因在复制过程中，会因复制错误产生突变，神经功能失调说大体源于此类问题。虽然这并不能解释为何这种突变具有高度的一致性，但是它从生理上阐明了多动症的神经病理学原因，让我们明确了孩子的行为与大脑功能之间存在怎样的关系，为药物治疗提供了充足的理论依据。

有研究表明，多动症儿童在对信息的筛选上出现了严重的障碍。在人类生活中，我们无时无刻不暴露在庞杂的信息空间里，视觉、听觉、触觉、嗅觉、本体觉，帮我们从各个通道感知信息，但是大多数时间我们并不能同时意识到所有信息，因为这完全没有必要。例如，此刻你正在专心地读书，旁边空调的噪声、桌子角落的书籍、不时扭动的躯干，并不能引起你的关注，因为这些信息“无关紧要”。通过脑干上行网状系统的作用，我们可以过滤掉那些与安全、责任、兴趣无关的信息，从而形成了有效的“注意力”。但多动症群体的这一功能出现了问题，他们无法判断周遭的信息是否重要，这使得他们总是被其他信息影响。

除了这一学说外，更多的研究将问题成因指向于：神经兴奋性不良导致大脑各项功能区域无法被有效激活，从而造成了所谓的执行功能障碍。一开始这种观点很难被接受，因为我们印象中的多动症儿童都是“太兴奋”了，而神经科学却告诉我们，他们之所以“行为兴奋”，是由于他们的大脑“不够兴奋”，他们需要通过频繁的、过量的动作来提升大脑兴奋性。如果你还是很难理解，可以想象这样的情境：让一个孩子坐下来容易，还是让他动起来容易？毫无疑问，孩子更容易“动”，因为“静”需要耗费大脑更多的能量。而学习、听课、守规则这些成长性行为，无一不需要更强大的行为抑制力。所以我们不妨这样理解：当看到孩子因为成年人的要求而变得多动时，或许他们真实的想法是为了“听你的话”而在拼命地给自己的大脑“充电”。

除了以上两种核心研究外，还有些学说指向儿童的调节功能不良，你可以简单地认为多动症儿童的“刹车不好使”，没法像常人一样从一种行为状态，迅速转变为另一种状态，不过这不能解释单纯的注意缺陷型问题。而另一种动机缺陷论认为：这类孩子天生对任何事物都缺少动机，导致他们无法深度学习，但这却解释不了那些毫无学习障碍，并且学业有成或天赋异禀的多动症儿童的问题。

➲ 外因诱发说

外因诱发说是三种论调里占比最低的。其中母亲怀孕时吸烟和酗酒被认为是人为因素中的最大帮凶。研究表明，母亲每天抽 10 支烟以上，孩子患多动症的风险增加 2.5 倍。

铅中毒是唯一被证实的外部元素吸取致病的原因，即便如此，其发病相关性并不高。一项研究表明，在高度铅暴露的环境中，只有 36% 的儿童被老师认为有相关的问题，对比一般的教室环境，其比例并不高。

还有一些应激事件也可能会导致儿童患多动症，如长期或严重的孕期创伤或情绪问题、婴儿早期健康问题或发育问题等，但这些同样不能作为直接有效的证据。

大圣心法

让孩子静下来，要比让他们动起来难太多了。

第 6 章

问题不只是“多动”

很多父母坚持认为“好动”是孩子的天性，即便孩子被诊断为“多动症”也不以为然，认为自己小时候也是如此，等孩子大一些自然就好了，并不需要特别在意。诚然，在孩子的成长过程中，各种能力常常呈现出发展不均衡的特点，多动–冲动的问题也确实会随着年龄的增长而表现得趋于稳定，即便与同阶段的其他孩子相比依然有差距，但是他们完全可以适应一般的社会规则和学习生活。所以，倘若能够在这些孩子的成长早期，为他们打造与之特点相匹配的教育环境，那么他们很可能与正常孩子无异。只是，这只是个假设！

首先，人的发展不仅关乎于“拥有怎样的能力”，还更多关乎于“具备怎样的心理”。当孩子发现自己的需求无法通过自己的能力得到满足时，就会产生挫败感，长此以往，就会引发他们的习得性无助感和自卑感。即便他们的能力提升了，也无济于事，就像一只从小脚被绑在木桩上的大象，只要轻轻用力就能挣脱桎梏，但是它早已丧失了信心。

另外，塑造理想化的成长环境本身也是一种悖论。我们姑且认为，只要条件得当，便可以打造出适宜的教育环境，但是只要涉及环境的变化，被掩盖的问题就会被无限放大。原有的一切理想条件都变成了阻碍适应的因素，成年后的孩子会把体会到的挫败感归因于曾经的教养方式。

因此，我们再次强调社会适应性与人格独特性之间的平衡，虽然鼓励大家采取平常心来面对问题，但这并不意味着对孩子违背基本社会规则的行为放任不管，相反，对此我们需要更加重视，并帮助孩子适应社会。从目前的临床研究来看，绝大多数多动症儿童都具有一系列行为、情绪和心理问题，多动型儿童也常常因不当的教育方式，成为行为、情绪和心理问题高发的群体，具体常见问题及成因分析如下。

➲ 抽动类相关障碍

有些孩子总是不自觉地、频繁地做出一些奇怪的面部表情（如眨眼睛、舔嘴唇等），有时还会伴随着嗓子里发出奇怪的声音或嘀咕声，这些都是抽动症的表现。虽然在最新的疾病诊断学中有更复杂的细分，但从心理动力学的角度来看，这些症状具有高度的相似性——动力被严重压抑所导致的躯体化表现。比如，眨眼睛意味着想看不让看，动嘴巴意味着想说不能说，耸肩膀意味着想动不能动。虽然缺乏科学的论证，但这些说法符合现象学的论调。

临床上很多多动症儿童都是因为抽动症状而来寻求治疗的，这是因为这些孩子频繁的失控行为导致他们常常被过度约束并因此感到手足无措，原本炙热的发动机突然熄火，车体被憋得像一个失控的炸弹，不是这里出问题，就是那里出问题。所以，我们若单独解决“抽动”的表象问题，不但不容易缓解症状，而且常常“按住”这里，那里又出现了问题。

即便没有发展到抽动症的水平，多动症儿童或多动型儿童依然常伴有一些小动作，比如，吃指甲、啃手皮、搓书角、咬橡皮等，这都是他们为了克制自己的行为而产生的自我调节方式，其背后的心理动力学病理逻辑是一致的。

➲ 情绪情感障碍

有调查表明，多动症与抑郁症“共病”的比例高达 50%，这让我们感到匪夷所思：明明大大咧咧、“记吃不记打”的孩子，怎么就抑郁了呢？原因在于，很多多动症儿童的内心世界丰富且敏感，只是他们不善于表达情绪，这就让我们觉得他们的情绪“来得快走得也快”。随着自我意识的发展，当接收到更多的消极评价后，他们会自暴自弃，畏难的情绪逐步升级，在极端情况下，就会发展成抑郁症。

另外，我们需要知道的是，儿童抑郁症并不全都表现出与成人一般的“消沉”和“孤僻”，而是可能表现为“情绪、行为失控”，只不过我们难以将这些行为与他们日常的乖张表现区分开来，因此他们也不会得到宽慰和重视。这导致病情悄无声息地恶化，直到不可收拾时才被发现。我们知道抑郁是心理疾病中的“杀手”，而患有多动症的儿童往往天生缺乏控制情绪的能力，这导致他们因抑郁产生的冲动性自杀的比例极高。

除了上述问题以外，多动症及相关气质问题还可能引发其他问题。这就提醒我们，作为家长，我们不仅要关注孩子的行为表现，也要关注孩子的情绪是否异常。如遇问题，请及时就医。

大圣心法

一个腐烂的柿子并不可怕，可怕的是不断有人把它端上餐桌。

第 7 章

不同成长阶段的挑战

心理学不仅注重问题的解决，更注重对问题的理解。为了更好地帮助儿童解决他们所遇到的问题，我们还要了解他们在不同发展阶段可能遇到的挑战，掌握这些知识有助于我们从整体上把握孩子的成长趋势，从而做好充分的心理预期和应对准备。

➲ 婴儿期

对于多动症的诊断，需要儿童至少 3 周岁以上，但是对于多动型儿童的评估，在婴儿期就可以开始了。这类婴儿比较典型的特征是对外部刺激表现得更为积极，似乎对什么都感兴趣，好奇心特别强。相对于其他孩子，他们表现得更加勇敢，不爱哭闹，虽然当情绪来临时会表现得较为强烈，但是通过转移注意力的方式也会快速改善。他们的饮食情况良好，不排斥陌生人，喜欢与人疯闹，对成人的宠溺会给予积极的回应。他们精力旺盛，不爱睡觉，睡眠质量很好。他们的行为能力发展得很快，只是稳定度较差，如容易摔倒、拿东西不稳、精细运动差。但总体来说，这些孩子符合我们对婴儿期儿童的期待，很少有家庭在这个阶段产生顾虑，相反，父母们认为孩子只是聪明、顽皮而已。

➲ 幼儿期

随着孩子进入幼儿园，社会化的规则和要求随之而来，使这类孩子的问题逐步浮出水面：他们很难遵从一般的课堂规则，连基本的“安静坐好”和“认真听课”对他们而言也是一种折磨；他们似乎对周围的一切都感兴趣，除了老师讲的内容。即便课程内容真的吸引了他们的关注，那也将引发另外一种灾难——他们会不停地追问老师问题，或不合时宜地不断表达自己的看法。当老师的耐心被无止无休的挑战消耗殆尽时，教育、批评、忽视和惩罚便接踵而至。但我们早已预期了这些方式无效，更可怕的是，这些早期经验还容易引发更严重的问题——他们开始学会通过消极的行为来获得关注，他们会刻意在课堂上大声喧哗，明目张胆地与同伴发生冲突，故意破坏公共规则或损坏公共物品……

老师们会把问题归为家庭教育不良，甚至提出“多动症”的猜测。虽然此时家长们早已开始担心起患病的问题，但却依然讳莫如深。与“得病”相比，家长们更希望是自身的教育出了问题，或者一种无法掌控的天性导致了孩子的异常表现。而那些教育书籍上标榜的、普适性的、标准化的教育方式，却让他们更加无能为力，而且常常让问题愈演愈烈。

➲ 少儿期

学业方面的刻板要求常常让处于这个阶段的多动型儿童不堪重负，加之婴幼期的教养环境影响，大多数孩子会更早地表现出厌学、手机依赖、说脏话、打架等一种或多种问题，这一阶段也成为临床就诊的高发阶段。但由于多动型儿童的智力发育情况大多良好，一些多动型或轻度多动症儿童也表现出不错的学业水平，这使家长们忽视了问题的严重性。但随着孩子步入高年级，学业方面对于细节和持续思考能力的要求的提高，会让这些孩子突然感到压力很大，在大段背诵、逻辑推理、复杂计算等方面都会遇到困难。

然而，当教育环境拥有更好的包容性时，这些孩子在其感兴趣的领域会表现得非常优异，他们更乐于参与和组织活动，乐观、热情的性格常常让他们在活动中彰显自我价值，这也是这一阶段教育方式调整的要点。

➲ 青春期

有研究表明，一半以上的多动症儿童在年满 12 岁前，其各项指标可达到一般水平。理想的状态是，他们终于可以像其他孩子一样正常地调用自己的注意力来面对和解决生活中的问题了！但事实是，之前的成长经验已经使他们形成了较为稳定的自我评价。他们应对环境和问题的行为方式也已形成，不幸的是这些往往都是消极的。因此，绝大多数儿童此时会表现出明显的厌学情绪和反叛道德规则的特质，一部分情况相对严重的儿童会表现出典型的品行问题，如打架、滋事，另一部分儿童则产生强烈的自我否定和自我怀疑，严重的有行为退缩、自残、抑郁等问题。尤其对于那些可能终身患有多动障碍的孩子，生理上的逐步成熟与功能上的缺陷形成了强烈的冲突，他们会明显感知到自己的异常，并因此产生强烈的自卑感或形成怪异的自我认同，从而逼迫自己成为“少数派”。只有很少一部分儿童在早期发展过程中能够幸免，此时他们会表现出更为优异的一面，尤其是那些多动型儿童，敏锐的反应和快速的信息处理能力，让他们可以轻松完成学业，虽然依旧偶尔表现得不求甚解，但他们通常拥有多元且丰富的青春时光。

➲ 成人期

虽然我并不愿意相信，但确有可信的研究表明，依然有将近一半的多动症儿童不会彻底康复。这意味着这类问题并非一种发育性问题，而是一种功能性障碍。我们之所以很少意识到成人会患有多动症，主要是因为他们绝大多数都可以适应一般的社会规则，并承担起自己的社会责任。但是，只要我们稍微留意或回忆一下，就会发现身边一定会有不少成年人满足成年多动症的诊断标准。例如，情绪不稳定，更容易被激怒，总是与人吵架甚至动手；三天两头地换工作，总是抱怨生活，又总是抱有幼稚的幻想；热衷于追求感官层面的刺激，拼命酗酒和抽烟，开快车，频繁更换伴侣，自虐性文身，甚至吸毒和赌博。当然，正如我们之前讲过的，真正源于“多动”的问题并不多见，问题更多是由心理和人格层面的原因所致。

大圣心法

如果唐僧带着地图和妖怪说明书上路，取经就变成了旅游。

第 8 章

父母该承担多少责任

当我们面临教育方面的指责时，总是会委屈地自问："这跟我们的教育方式有关系吗？"其实，作为孩子心灵成长的第一个环境，孩子的性格、行为、心理，都与家庭教育有着重要的关联。但我们必须意识到，多动症儿童或多动型儿童的父母，往往承受着更大的压力，他们可能是被指责和误解最多的家长了。这些家长常常被孩子搞得精疲力竭，努力干预却毫无成绩，他们在绝望和委屈中艰难度日，有时连他们自己也搞不清楚自己该为孩子的"多动表现"承担多少责任。接下来，我们先来看看这些指责都是什么，有没有道理。

➲ 宠溺型

被指责最多的当然是父母的宠溺，公众会觉得孩子无法无天的行为源于父母无底线的纵容。其实这种观点与两百多年前的科学家的猜想很像，不过很显然，当今的科学研究已经证实了这种观点是错误的。那些在教养中看起来无力的“顺从”，更多时候是应对无效后的妥协，谁又能知道家长们经历了多少挫败和委屈呢？尤其在毫无办法的情况下，“越挫越勇”反而是一种病态的选择。因此家长会逐渐“抓大放小”，至少这样能证明：即便自己已经管不住了，至少还有爱吧。换言之，是“爱的妥协”维系了亲子关系，尤其是孩子在饱受社会舆论偏见的时候，“家”成了他们唯一的避风港和情感的寄托。我们甚至可以认为，正是有了这样的父母，才给予了这些孩子成长的期待和力量。因此，从教育方式上看或许他们不对，但是他们的选择也并非不可理解。

➲ 强权型

还有一些指责来自“专业”教育和心理学领域的工作者，他们认为儿童失控的行为来自父母对儿童的过度压抑，是由于父母管束过于严格造成的。一些教育工作者认为严格的管束会严重打压儿童的自然天性，在正常表达无果后，儿童便以消极的、破坏的、扭曲的、非自主性的方式进行表达，但我认为这种说法很片面。我见过很多父母，看上去都是这一类型——严格而教条，似乎对孩子的管束永远是颐指气使、不通情理。但是你会发现除了对待孩子以外，他们私下里并非刻板的人。当面对极端的教育困境时，他们只是无奈地选择了另外一种极端的方式，而孩子在这种管束下反而表现出令人惊讶的社会适应性，这是那些所谓“接纳”的方式无法企及的。通过对病理的了解，我们知道这种模式其实满足了这类孩子的大脑对“高度唤醒”的需求，因此，并不是家长的严厉造成了孩子的问题，反而是他们的“苛责”成就了孩子。接纳并不意味着“纵容”，适当的严格也并不总是与问题一一对应，对于多动症儿童或多动型儿童而言，“明确而严厉的规则”也有其可取之处。

➲ 忽视型

很多家长被盲目地认定为“忽视”型，也就是对孩子的成长置之不理。借由上面的分析逻辑，我们可以得出类似的结论：这种“忽视”或许并非孩子多动的原因，而是家长向现实妥协的结果。相比上面两种方式，其实家长更容易选择这种方式——搞不定就放弃。同样，这种模式也给予了孩子发展独立自我的空间和机会，在这种模式下成长的孩子往往得到更多的肯定和更少的管教，因此罹患心理问题的可能更小，随着自我控制能力的提升，相当一部分多动症儿童或多动型儿童可以很好地度过危险的童年期。

读到这里，你是否发现，似乎任意一种不当教养类型都与之相关，那么这种相关也就可以理解为“无关”。现代教育更加重视关系的交互性，这意味着教育并非单方向的，而是相互影响的，那些我们认为的“成因”，或许只是由“多动”引发的“结果”。虽然“多动表现”的成因十分复杂，但是其表现程度和方式通常与家庭教育方式密切相关，不当的家庭教育方式也容易使孩子出现“假性多动症”的表现，也就是从表面看符合多动症的诊断标准，但它们的病理却全然不同。

➲ 不当的家庭教育方式带来的真实问题

由于上述三种教养风格的形成大多是被迫的，因此它们的实施缺乏计划性和有序性，这使得它们强化症状的可能性要远远大于带来有利影响的可能性。“纵容”会使偶发的错误行为被正向强化，“强权”会使自卑感进一步加深，“忽视”让成长变得毫无规则和方向……而且，出于无奈，家长们常常在这三种方式中盲目地变换，若再将显性或隐性基因的人格特质考虑在内——这些家长往往更加缺乏耐心和情绪控制能力——那么问题将变得更加复杂。

所以，我们可以明确地得出结论：几乎所有多动症儿童或多动型儿童的不当行为，都或多或少被不当的家庭教养模式强化了，挑战家庭教养模式势在必行，却也困难重重。因此，我们一方面要学会宽慰自己，另一方面还要积极学习、持续改进，这样才能确保这些孩子健康成长。

大圣心法

不要轻易否定自己的教育方式，除非想要获得更大的收获。

第 9 章

教养多动型儿童的核心原则是什么

多动型儿童是一类需要更高唤醒水平的群体，他们常常给我们“满不在乎”和“反应迅速”的印象，但这往往是他们的防御行为。他们之所以做什么都“快”，是因为他们无法让自己“慢”下来，但若一味地让他们“慢”下来，很容易让他们产生挫败和焦虑。因此，除了要遵循一般的家庭教育标准外，在养育过程中还要结合他们的特点进行差异化对待。

多动症领域的权威专家巴克利博士提出了“家庭教育八步法”，具有非常强的指导意义，我们可以把这八步作为针对多动型儿童的家庭教育及临床干预的基本原则。

➲ 第一步，立即反馈

这种反馈针对的是积极行为，应用时要做到：明确、特别、迅速、深刻。反馈的激励可以是口头表扬，也可以是代币，可以是实物，也可以是承诺。总之，你和孩子都要从消极的活动中抽离出来。这是最为重要的一步，标志着我们从一种消极的纠缠中走向积极的教导。虽然这种方式本身就具备一定的干预价值，但是更主要的是标志着开启了正确的教养方式。所以请务必牢记：干预从及时肯定开始，没有以有效肯定为前提的干预，注定会失败。

➲ 第二步，频繁反馈

永远不要期待你的反馈会产生持久的作用，这是我们面对多动型儿童所持的信念。多动型儿童不同于一般群体，他们需要更高频的提醒使大脑兴奋，所以不要期待“说一遍”“骂一次”“打一顿”的三步教育法会奏效。我们需要保持足够的耐心，让他们可以自主意识到问题，并不再犯错。请不要轻易试图加快这种干预节奏或提高要求，一旦发现效果变差，就要不厌其烦地增加反馈频率。

➲ 第三步，突出反馈

无论你多么有耐心，我猜你曾不止一次地对孩子说：“为什么好好说你就听不到呢！”不过愤怒之后我们却很少反思，或许这是一个教育规律：我们的孩子需要被“咆哮”，才能“听到”我们的指令。这正是多动型儿童的特点，他们需要更高强度的刺激才能产生警觉。所以我们大可不必再纠结于此，下次出现问题时，我们只需要快乐地“咆哮”而不带有愤怒。当然，如果你对这样的方式不感兴趣，也可以选择“走近点”“面对面说话”，或“轻拍他们”“拉他们一下”，这样会起到同样的效果，并保持你的优雅。

➲ 第四步，先奖后罚

对孩子的宽容并非没有原则和主见。我们说过“肯定只是干预的开始”而不是“干预的全部”。对于原则而言，我们必须要有坚定的是非观，无论他们是否接受、能否接受，我们都要有明确的态度和价值导向，这对任何孩子来说都同样重要。不过我们需要注意奖惩的比例，奖励永远要高于惩罚的比重。这就意味着哪怕孩子犯了错误，也要尽可能先找到积极的方面给予肯定，再关注那微不足道的“错误”。

➲ 第五步，事先计划

缺乏计划能力是多动型儿童的典型特征，但他们同时又是极需一致和可预期的环境来保持情绪稳定性的群体。作为家长，我们要充分了解导致孩子易冲动和易敏感的环境及刺激源，当孩子暴露于相应环境时要保持警觉，以免不可逆的后果出现。尤其是在公共场合，我们应提前反复与儿童做好沟通，并且做好孩子再次触犯的预案，以便当危机来临时可以有效解决，降低风险。随着孩子逐渐长大，我们也要尝试鼓励孩子为自己做计划，并对即将发生的事情做预期，把这种“事前讨论”和“事后复盘”当成一种游戏式的互动，而不是严肃的要求。

➲ 第六步，保持连续

无论是情感上的接纳还是行为上的努力，都应是长期的和持续的。即便结果不尽如人意，努力的过程也会为孩子人格的构建带来积极的影响。因此，不要抱有“突然好起来”的幻想，如果说有什么灵丹妙药，那只能是持续的、无条件的爱了。

➲ 第七步，保持乐观

与孩子相比，真正痛苦的一方常常是家长。其实，成人与儿童对于“痛苦”的定义是不同的，那些在我们看来难以接受的哭闹、委屈、疼痛、压抑，在儿童看来只是无数生活片段中的一个，尤其是当我们因此与他们发生纠缠时，他们大多乐在其中，这种快乐并不取决于结果和是非，仅仅在于过程。简言之，保持乐观虽然很难，但有时候却是我们唯一能做的，也是唯一起作用的。

➲ 第八步，学会谅解

宽容是人格成熟的重要标志，我们需要在“孩子”与“犯错”之间建立起一种必然的关联——是孩子就一定会犯错，多动型儿童尤其是这样，这就是养育的必然。除了谅解孩子，我们更应谅解自己，我常常听到一些家长埋怨自己“又没忍住动手了”“又没控制好情绪”……教育是一种特殊的关系，关系是相互作用的，面对这样的孩子不生气才不正常！生气并不等同于“不爱”，更何况我们比其他家长承担着更多的压力，所以生气在所难免。学会谅解自己，才能真正谅解孩子。

如果鼓励和提醒无效，那就再多一点鼓励和提醒。

第 10 章

该不该告诉孩子真相

如果孩子已经被确诊多动症了，那么要不要告诉他们真实的情况呢？这是刚刚获得诊断结果的家长最纠结的问题之一。绝大多数家长对孩子的异常问题都讳莫如深，甚至竭尽所能地回避和掩饰，一方面，他们担心过早地给孩子贴上标签会影响他们的自我认同，使他们消极地面对之后的生活；另一方面，他们也怕孩子因此受到歧视。

其实，任何概念都受到既有文化和大众认知的约束，也就是说，我们认为的某个概念的意思，受限于我们自己的主观理解，而并非绝对客观，对于孩子的问题更是如此。成长中的孩子对概念的感知完全来自教育的塑造。我们越是坦然地面对孩子的劣势和创伤，越易于帮助他们从自卑感中抽离。言语在促进孩子自我意识的形成方面起到的作用十分关键，而且，更重要的是表达时传递的态度和情绪，而这些价值导向的背后，是我们自己对该问题的看法。作为家长，首先要从内在接纳“多动”的存在，正如我在前文所提到的，把它当作一种“气质”来看待，有利于我们以更宽容的态度接受它。当然，你可能依然觉得这不过是掩耳盗铃罢了，这只不过是用一种假象掩盖另一种假象而已。但我想说的是，倘若注定有两种假象，我宁可给孩子塑造一种更有利于自我接纳的假象，而不是自我毁灭的假象。另外，对这种“假象”我们有太多的误解，所以现在是时候再次聊一聊多动型气质存在的“真相”了。

➲ 多动的基因优势

“真相”到底是什么？倘若我们认为多动症只是一种异常的不良行为，这就极大地曲解了“真相”的全貌。为了更好地让大家理解我的观点并非一种“安慰剂”或者“自欺欺人”，我们不妨思考一下，是什么让这种特质在漫长的进化历程中保留下来的？我们可以想象：一群原始人在协作伏击狩猎，不远处有一只觅食的野猪，所有人都屏住呼吸，等待着野猪一点点靠近……但是，我们忽视了自己同样处于危机四伏的境遇，背后有一只野狼正伺机猎杀我们。这时，只见一柄长矛直刺野狼的脖颈，英雄拯救了族群，成了新的领袖！这个能对任何信息都明察秋毫的特质，正是多动型基因被保留下来的原因。不仅如此，无数次开疆拓土的英勇战斗，视死如归的搏杀精神，都得以让这种人类基因熠熠生辉。因此，我们更应该称其为“英雄人格”或“猎人基因”，而不是“多动症障碍”。

当然，过度的美化同样毫无意义，在正视问题之前，我们需要再次理性地构建对多动型儿童或多动症儿童的认知态度：“多动型”是一种特异性的人格气质，“多动症”则是一种极端化的人格特质，就如同一些人内向、一些人爱读书、一些人跑得快、一些人嗅觉灵敏一样。因此我在本书开篇就提及了对待这一问题的态度——不要把它当成一种病，而只当成一种发展不均衡的特异性特质。

倘若我们接受了这样的观点，问题立刻就变得简单起来了。你会不会在与孩子的互动中，刻意调侃他们的“五音不全”或者“缺乏运动细胞”？你会不会直截了当地对他们说“你逻辑能力不好，需要提升”或者“你身体太虚弱，需要更多的锻炼”？如果你觉得这没什么，那么大可告诉孩子“你这个小家伙天生比别人好动，是多动型孩子”，或者直接告诉他“我们终于找到你总是惹麻烦的原因了，那就是你得了多动症，是多动症在作怪”。

因此，我们不应该纠结于“是否告诉”，而更应该思考“如何告诉”。孩子们需要知道自己到底怎么了，获知真相本身就能帮助一个人感到安全和稳定，更何况他们也需要一个合理的解释，搞清楚自己不断犯错的原因。关于这部分，我更倾向于叙事疗法取向的观点——把人与问题分开对待，再加一点隐喻，让孩子感知到自己是受害者，是症状影响了他们，而他们是无辜的。

➲ 如何向孩子说明多动症

在临床咨询的过程中，我通常向年龄小一点的孩子这样描述：“你知道吗，每个人身体里都有一个小精灵，有时候它很听话，很聪明，能够帮助我们，让我们快乐。有时候它很任性，很疯狂，让我们失控。医生说，你身体里的小精灵病了，它被一种叫 ADHD 的‘细菌’侵蚀了，所以它很不听话……从今天起，我们就要一起想办法对付它了。你可以感受到它吗？它是什么样子的……”

对于年长的儿童，我会更多地关注价值的独特性，我常常从人类进化的历程谈起，告诉他们：“这个世界上只有不到 10% 的人拥有‘猎人基因’，他们勇敢无畏，敏捷睿智，没有他们的保护，人类没有办法活到今天，而你正是其中的一员。但由于我们进入了新时代，猎人很少有用武之地了，并且他们的很多习性不被社会接纳，所以，我们需要打造一个符合新时代的猎人！”

就在书写到此处的前一刻，我刚刚陪女儿完成了下周她要参加演讲比赛的练习。1000 多字的演讲稿，她不到半个小时就背完了，但是让我吃惊的不是她完成的速度，而是她完成的方式——一边背诵，一边在地上打滚！当她突然发现我直勾勾地看着她的时候，我们两个都大笑不止。她起身拍了我一下，笑嘻嘻地说：“看什么看，你不是说我有多动症吗！这是多动的人特有的背诵方式！”我叹了口气说：“好吧，我以为只有我小的时候这样！”我们便又一起大笑起来。问题只是问题，我们需要努力把它变成一种优势，而不是让它成为前进的障碍。

大圣心法

真相不可怕，可怕的是不知道真相。

第 11 章

如何进行早期诊断和干预

对于一种疾病来说，诊断自然是越早越好，但是对多动症的诊断却略有差异，其中最主要的原因在于无法有效地观察取样。由于多动症是执行功能层面的障碍，而执行功能涉及注意力的维持度、提取记忆的能力、持续运算的能力等多重发展维度，年龄太小的婴儿并不能在行为层面表现出来，因此即便可以确诊，也没办法进行超出其发育水平的、有针对性的干预。由于多动症的遗传倾向，很多自身患有多动症的家长在孩子出生后就殚精竭虑、四处问诊，渴望在第一时间获得诊断结果，这大可不必。对于婴儿期常出现的躁动不安现象，应优先考虑器质性问题和教养问题。

也有很多家庭完全忽视或刻意回避这方面的问题，并以此标榜家庭教育的接纳性，这同样不值得鼓励。接纳并不等于忽视，发现过晚容易错过最佳理论干预期，从而影响了孩子脑神经网络的重塑和对其心理健康成长的呵护。事实上大多数多动症儿童都是在上小学以后才被确诊的，而参与针对性干预治疗一般是在确诊后的1～3年，甚至相当一部分孩子从未进行过有效的干预。随着心理问题的叠加，干预将变得异常复杂。

诊断ADHD的最佳年龄为3～5岁，干预的最佳年龄为4～8岁，但具体问题应具体分析。由于诊断和有效干预的间隔时间很短，这让有这方面顾虑的家长颇为担忧，因此我们有必要把关注点放在这类问题的预防和保健上。鉴于多动型气质与多动症障碍有着高度的相关性，我们可以根据托马斯－切斯的气质类型测评方式，对8～28个月的儿童进行早期气质评估，如果发现其符合“蒲公英型”，便可在早期开展有针对性的教养及干预策略了。

➲ 多动型儿童的早期气质特点

（1）活动水平——相对于其他婴幼儿精力更旺盛，爬、走等大运动发展能力略有提前，大肢体运动频繁有力，但精细运动不佳，平衡感和稳定性相对较差。

（2）节律性——常伴有入睡困难，白天很少犯困，一旦入睡，质量尚可，部分儿童会出现早醒现象。

（3）对新体验的初始反应——更普遍地表现为乐于接触新鲜事物，更容易亲近陌生人，缺乏一定的自我保护意识。

（4）适应能力——适应能力尚佳，部分儿童表现得更为优秀，但是当环境对抑制能力要求更高时，则表现得抗拒和退缩。

（5）敏感性——不容易因外界刺激引发哭闹，一旦有情绪会表现强烈，不过也容易缓解，不记仇。

（6）心境的质量——多数表现为积极乐观，但也有偏执的一面，哭闹的原因也仅限于不被满足。

（7）反应强度—— 一旦超过阈值，反应程度强烈，出手重，易伤人或破坏物品。

（8）分心程度——注意力分散度较高，除了自己感兴趣的事情外，更容易被无关的事情分心。

（9）坚持性和注意力持续时间——常常表现出缺乏耐心，玩玩具和做游戏的持续时间较短，部分儿童对自己感兴趣的游戏和事物可保持较长的专注时间。

➲ 干预方式及计划

一般而言，对于不存在对生活和学习造成较大影响的症状，并且符合上述表征的儿童，都可遵从多动型儿童的教养策略，通过改善早期家庭教养方式来改善症状，如果配合系统的家庭训练效果更佳。对于已经明确影响了社会功能并确诊的儿童，则需要专业机构的系统干预，同时辅助家庭训练。年龄在 6 ～ 8 岁[①] 以上的儿童，根据症状对其社会功能和自我功能的影响程度，还需要通过心理咨询或治疗来改善其心理问题和协助调整家庭教育问题。对于特别严重的患儿需要及时就医，并积极配合用药，同时辅助进行一段时间的心理干预，表 11.1 呈现了针对不同类型的多动儿童的干预计划建议。

表 11.1　多动儿童干预计划建议

类型	家庭教育	家庭训练	专业训练	心理干预	药物
一般多动型	√	适度游戏	—	根据需要选择	—
问题多动型	√	每周不少于 2 次，每次 20 分钟	根据需要选择	每周 1 次，短程或中程	—
轻度多动症	√	每周不少于 5 次，每次 20 分钟	根据需要选择	每周 1 次，短程或中程	遵医嘱
中度多动症	√	每周不少于 5 次，每次 30 分钟	每周不少于 2 次，每次 30 ～ 60 分钟	每周 1 次，中程	遵医嘱
重度多动症	√	每周不少于 5 次，每次不少于 30 分钟	每周不少于 2 次，每次 30 ～ 60 分钟	每周 1 至 2 次，中程以上	遵医嘱

① 由于儿童发展水平的不均衡性，6 ～ 8 岁代表着不同儿童满足特定能力水平的年龄范围。

➲ 可能导致多动的其他因素

导致儿童多动的因素有很多，甚至可以说儿童早期大量的心理、情绪问题都会以“多动”的形式表现出来，同时，气质对儿童的影响在 3 岁以后逐渐弱化，家庭教育等环境因素的权重逐步增加。因此想要明确“多动”是不是原发性的，必须逐一排除以下问题。

家庭系统的模式是否存在问题？

儿童是否经历早期分离性创伤？

儿童是否罹患其他器质性问题？

儿童是否存在依恋方面的问题？

儿童行为问题是否呈现出较强的一致性？

儿童近期是否出现严重的创伤性事件？

儿童除了品行问题以外，学业是否受到较大影响？

儿童是否因行为问题而收获继发性获益？

儿童所处的社会环境中是否有模仿源或刺激源？

儿童是否在回避某些发展性要求？

倘若对上述多个问题存在质疑，或者在一个或多个问题上获得肯定答案，应先适度改善相应的外部问题，再进一步观察症状情况。若没有相关问题或相关问题已得到解决，但症状依然不能有效缓解，则需要进一步的医学和心理学评估，并制订具体的干预计划。越来越多的研究表明，即便是功能性问题，也有很多不同的类型，应根据具体的症状特点及干预的效果对问题进行更有针对性的干预。

大圣心法

想看到真相，就需要先拨开迷雾。

第 12 章

更专业的干预方法

当儿童已经被确诊为 ADHD，就需要选择更为专业的干预方法了。作为家长，我们更关心的是如何对多动症进行非药物干预。秉承科学的态度，遵从致病机理的原则，我在本章中为大家介绍目前比较常见的治疗及干预方式，鉴于我个人的专业视角和能力水平，可能有失偏颇，仅供大家参考。

➲ 推荐的干预方式

药物干预

虽然至今仍广受争议，但是药物干预依然是最显著的治疗方式（对于已确诊的 ADHD 患儿）。药物干预对 70% ～ 90% 的多动症儿童均有显著效果，甚至有时我们可以用“吃药有没有成效”来判断儿童是否真的患有多动症。目前针对多动症的药物有神经兴奋剂和非兴奋剂两类，新型药具有极少的副作用，基本可以安全服用。鉴于本书侧重于多动型儿童的教养和干预，关于药物部分并不过多提及。如果多动－冲动的症状已经严重影响了孩子的学习和生活，切勿讳疾忌医。

行为干预

非药物治疗中最有效的干预方式之一是行为干预，它不仅可以单独操作，也可以结合药物及其他疗法整合操作。行为治疗的核心是根据条件反射的原理来构建即时反馈机制，强化积极行为和弱化不良行为，从而稳定积极行为的持续度，提升自我控制能力。行为训练关注仔细听、仔细看、仔细描述和自我叫停四大目标。它的优势在于可量化评估和构建计划，操作相对结构化，简单易行。它的问题在于执行方式刻板单调，随着工作的开展，儿童的兴趣会逐渐降低，对刻板的要求和明确的训练目标也难以积极配合，同时在表现的泛化方面也存在争议，部分儿童虽然可以在训练中获益，但是其相关问题并未在其他场合有明显改善。对儿童主观能动性和心理层面因素的考量不足，是这一疗法的最大问题。

家庭教育整合疗法

家庭教育整合疗法被认为是目前最佳的治疗方案之一，它秉承行为治疗的策略，并将其更广泛地运用到儿童生活的方方面面，基于更为细致和密集的强化设置，其效果也更稳定和持久。在执行阶段，咨询师会紧跟家庭发展的状态进行指导和规划，促使家长不断地修复不当的教养模式，起到事半功倍的效果。其不足是，这种模式需要家长付出更多的精力，尤其是在前期需要承担更大的精神和学习压力。

正念疗法

有一种纯粹的心理技术被验证在治疗多动症儿童方面有效果，它便是正念技术。这种技术主要通过自我放松、关注当下等方式，促进儿童对自我意识和感知的关注，从而更好地觉察自己的情绪和行为。但由于该技术依赖较低强度的刺激，难以提升儿童的兴趣，并且过程枯燥单调，因此儿童的配合度往往较低，需要充分结合儿童的心理特点对治疗环节进行细致的设置，才能将其带入治疗节奏。简言之，这种方法虽然简单，却不易行，可以作为辅助干预方式使用。

整合式游戏治疗

我在临床工作中多采取整合式游戏治疗，其优点是规避了其他疗法造成的“低参与性”的弊端，但困难在于它的灵活性较高，需要游戏治疗师熟练掌握多种技术，并可以进行创造性整合，目前能够应用这种技术的从业者太少了。同时，这种疗法周期长、频率高、费用大的特点，也影响了其干预的持续性和有效性。若家长能对该疗法进行系统的学习，并掌握基本的技能，再结合咨询师的阶段性指导，这可能会成为目前非药物治疗的重要发展方向。

➲ 有待商榷的干预方式

饮食疗法

首先要谈及的是饮食疗法，江湖上传闻多动症是由糖摄入量过多引起的，使一些家长开始避免让孩子吃含糖量高的食品。但有足够多的研究表明：糖的摄入并不会加重或导致多动症。科学家们为了证实这个结论曾做过一系列实验，比如给一些严格控制糖摄入的儿童，选择性地提供阿巴斯甜或安慰剂，结果表明在 37 项行为和学习指标上并没有什么影响。那些被认为可能产生兴奋作用的食物，如咖啡、茶类饮料容易被我们列为禁用食品，这种做法是值得提倡的，咖啡中的一些成分会让儿童更难抑制冲动，因此不宜被多动症儿童或多动型儿童饮用。

感觉统合训练

最被我们熟知的干预方法是感觉统合训练（感统训练）。不知从什么时候开始，这个主要用于解决学习障碍的训练风靡早教行业，逐渐深入人心，大有包治百病的趋势。但我们知道，诊断多动症的前提是要排除定向的学习障碍和发育障碍，因此与学习障碍相对应的疗法自然难以对多动症起到核心的治疗作用。但我们不能完全否认感统训练所带来的帮助，并且我们需要密切关注运动环节的设置，以及评估其对儿童功能的改善情况。

心理咨询

在所有干预方式中，大众对心理咨询的误解最深。ADHD 并不是一种心理疾病或心理障碍，一些心理疗法对其病理的解读也极具浪漫主义色彩。例如，一些流派的心理咨询师坚定地认为多动症源于童年早期的成长创伤，工作方式也多以解释和处理创伤为主，但却收效甚微。而其他除行为干预以外的众多疗法，也都难以从根本上触及多动症的根源。但这并不意味着多动症儿童或多动型儿童不需要接受心理咨询，心理干预的核心在于缓解多动症引发的心理问题，而并非多动症本身。尤其是对于大龄患儿，干预的首要目标是缓解心理问题。

沙盘游戏

另外一种被严重夸大治疗效果的技术叫作“沙盘游戏”。经典沙盘游戏认为多动症儿童缺乏来自心灵的积极引导，从而导致其意识功能的紊乱，通过沙盘游戏可以诱发隐藏在心灵中的能量和智慧，使自我逐步获得稳定性、完整性和控制感。姑且不论其理论是否成立，单从操作上来说就很难执行，尤其是针对那些严重的多动症患儿。若借由游戏治疗的理论，沙盘游戏则会起到一定的效果，但是其治疗机理与心理咨询相似，同样难以撼动“多动”的根源。

其他无效的干预

为了迎合市场的需求，一些神秘疗法也被认为可以治疗多动症。我曾听到一位“资深的”家庭系统排列老师，一本正经地说：“用家庭系统排列可以治疗孤独症，那就更不用说多动症了！”以现代科学的视角来审视，我认为这是绝无可能的。与此相似的还有一些古老而神秘的疗法，如精油、按摩、香薰等。除了对稳定情绪有一定的作用外，对病灶的本质几乎没有任何干预价值。那些所谓的效果往往是间接的，比如通过这种方式让家长改善了对待孩子的态度，增进了亲子关系，从而改善了儿童成长的心理环境等。

大圣心法

有效的就多做，没用的就少听，科学从不夸夸其谈。

家庭篇

第 13 章

如何设置有效的激励机制

第一篇中我们提到了巴克利博士的“家庭教育八步法”，其中提到了激励的价值，对于需要更高唤醒水平的儿童群体，日常教育中的激励机制是必不可少的。激励机制应该完全融入整个家庭教育规则的设立与执行中，激励的节奏、程度、方式是保障儿童健康成长的关键。根据激励的特点，我们将其分为常规激励、规范激励和特别激励三种模式。

➲ 常规激励

多动症儿童或多动型儿童需要更频繁的鼓励，这有利于他们及时获得对其积极行为的犒赏，从而强化积极行为。这种鼓励不能过度，而是应该被当作一种教育文化，让关注与肯定孩子积极行为成为常态。因此，作为家长，我们应该练就一双“寻找光明的眼睛”。由于多动症儿童或多动型儿童犯错的频率远大于一般儿童，所以评价的前提是对“好”的定义。

首先，我们需要明确自己的期待，这种期待要建立在“儿童有能力完成”的基础上，是对他们犯错的水平进行评估后得出的。其次，我们要在儿童每次犯错时，表达自己的期待，而不是一味地指责。最后，弱化对消极行为关注的同时，要更加密切关注积极行为，并及时给予奖励。对于年龄稍大或问题严重的儿童来说，那些“不痛不痒”的鼓励似乎没什么用，但不要气馁，通常用不了多久你就会发现，他们被压抑的亲社会性特质会被再次激活。

常规激励的强化物主要有：情感认同和言语肯定。对于那些经常犯错的孩子而言，对其积极行为中肯的赞美弥足珍贵。然而，快速转变到寻找“好”的视角对家长们来说并不容易，为了更有效地执行这一决策，我们可以在前期给自己设定目标，比如每天至少肯定或鼓励孩子 10 次。用不了多久，你便会练就出善于看到光明的“火眼金睛”了。

➲ 规范激励

规范激励是指在孩子完成既定目标后对其进行奖励，涉及靶向目标、强化程式和激励内容三个方面。

（1）靶向目标——建议同一阶段不要提出太多发展目标，一般 5 ～ 10 个为佳。靶向目标要清晰可行，不能含糊和过于理想化。

例如，我们发现孩子总是不整理自己的物品，就把靶向目标设定为“整理好自己的物品”，这对于孩子来讲太空泛了，执行起来也很难。我们应该针对某一具体行为设定，如“进屋后把鞋子摆放好”或“把脏衣服放进脏衣篮”，这是对“整理好”这一问题的细化。当一个靶向问题得到解决后，可以换新的、更为困难的目标，之前完成的靶向目标可以用惩罚机制（见第 14 章）进行巩固，理由是他们已经获得了充分完成目标的能力和意识，如果再犯就是故意挑战设置，这是不被允许的。

（2）强化程式——强化程式就是我们要设计一种满足儿童对短期回馈和长期收获的需要的激励模型，一般采取代币或积分累积进阶的模式。这既可以对儿童的积极行为给予及时反馈，又可以延迟满足儿童的现实期待，使强化聚焦于行为本身。奖励的标准要根据儿童完成任务的难度进行差异化区分，比如，“进屋后把鞋子摆放好”是相对容易的事情，我们给予一颗 ☆ 的奖励，而“在情绪失控时能及时克制”比较难，我们给予三颗 ☆ 的奖励。评定一般以“天”为单位，项目尽可能不要重复出现，即一个项目每天只做一次打分。在兑换策略上，可以采取一定的自主性，过往得到的积分可以选择累计。

（3）激励内容——也叫强化物，是真正能满足孩子期待和需求的实物或好处。一般建议选择非实物性强化，比如获得一个机会或者规避一种痛苦。当然，由于积分制度已经起到了延迟满足的作用，适度给予具体的实物奖励并不会产生太大的负面影响。需要注意的是，这些激励内容一定要充分考虑孩子的真实诉求。对于很多家长来说，他们很难清晰地表达出孩子“喜欢什么”或“在乎什么”。想了解这个并不难，只需要我们细致地观察儿童日常的行为即可，那些他们认为正常且经常出现的行为，或者他们刻意回避的行为都是我们参考的依据。执行时，无论孩子表现得多么无所谓，只需要把原来他们应有的行为权利转化为激励即可。例如，孩子养成了随意使用手机的习惯，但是偶尔不让他们使用，他们也无所谓，那么就把每一个积分转化为一分钟的手机使用时间。可能开始的时候并没有效果，但是用不了多久，你就会发现孩子的态度转变了。有时激励内容无需一直向高处看，那些最基本的诉求可能更具影响力，比如一顿美食。激励内容也常常会表现出时效性，我们可以在一段时间后与儿童一起商定新的激励内容。

接下来给大家提供一个完整的激励计划表作为参考，见表13.1。

表 13.1　激励计划表示例

激励积分记录表（周）历史累计积分：28 颗								
目标	标准	周一	周二	周三	周四	周五	周六	周日
进屋后把鞋子摆放好	☆							
晚上 8：00 前完成所有作业	☆☆							

（续表）

激励积分记录表（周）历史累计积分：28 颗								
目标	标准	周一	周二	周三	周四	周五	周六	周日
给予停止指令时可以有效执行	☆☆☆							
上课没有接话	☆☆							
没有在墙上涂抹	☆							
没有说脏话	☆							
积分奖励说明	10 颗：使用 10 分钟手机，每天最多使用 3 次 20 颗：周末吃一次比萨或汉堡 30 颗：可在周末使用手机或看电视 3 小时 40 颗：购买一个喜欢的玩具 50 颗：去主队现场看球（如果孩子是球迷）							

➲ 特别激励

多动症儿童或多动型儿童只是更容易犯错，但并不意味着他们一无是处。恰恰相反，他们常常会有惊人之举，不仅限于他们的特长所在，在我们认定他们能力不足的方面，也能有所提升，若依赖常规激励和规范激励，显然无法匹配这种情况。例如，我曾帮助过的一个 9 岁的多动症儿童，在半年的训练中，每次都极为抗拒拍球训练，训练效果极差，一次只能连续完成十几个或几十个。当我们调整了方式后，该儿童突然一次性完成了 300 个拍球。这种极富戏剧性的进步很难用科学的方式解释，这可能源于心理层面的突破，也可能来自功能的顿悟性提升。

对于这种特殊情况的激励，我们并不需要提前设定，拥有临时设定激励物的特权可以保持父母的教育权威性。但实施时一定要明确给予奖励的原因，让儿童更多地感知到自己的努力和能力的变化，从而推动其积极的自我意识形成。

大圣心法

能走出黑暗的人，一定时刻在寻找光明。

第 14 章

如何设置有效的惩罚机制

惩罚在任何时候都是一种无奈的教育选择。行为主义奠基者斯金纳曾说过，惩罚虽然对行为的塑造有效果，但却充满了不确定性。这主要由于在执行惩罚的时候，亲子双方都更关注避免消极行为，因此儿童习得的只是对欲望的克制，并压抑对抗的情绪。当儿童适应了惩罚的程度，这种影响也会随之消失，即便这种惩罚足以让人终生难忘，但在更换了惩罚环境后，压抑的欲望往往会以补偿的形式引发更强烈的消极行为。

➲ 制定家庭规则

这么说来，是不是惩罚就不能用了呢？其实这种看法也是极端的、理想化的和不切实际的。由古至今，从家庭到国家，惩罚一直充当着规则和底线的保护伞。它既是对人性恶的一面的警醒，也是对人类社会性发展的约束。因此，惩罚的第一个原则就是要指向行为底线，而不是针对美好期待。这要求每个家庭都应该制定与文化相关的家庭规则，如同国家制定法律一样，它必须是稳定的、明确的、一致的原则。这些原则不应过多，建议最好在10条之内，最初可少设定几条，随着管理规范的推行，逐步添加和完善。具体的设定标准还需要遵循以下原则。

（1）家庭规则的设立应秉承能力最低要求，规则中的内容必须是儿童能够完成的。比如“保持自己的物品整洁”对于多动型儿童来说就很难实现。

（2）规则必须是明确的、具体化的、可客观评估的。比如“在家要好好跟父母说话”，这个“好好”的标准就很模糊，而且具备主观色彩。

（3）规则应遵循人性的基本原则。有些对道德层面特别苛刻的要求或许符合家庭文化，但是执行起来会面临很大挑战，比如“不能在家里发脾气”，在现代文化背景下执行起来就相对困难。

（4）规则不能过“大”也不能过“小”。面对现代开放式的教育思潮，很多家庭几乎没有设定任何规则，这并不利于孩子的成长。当这类家庭开始制定家庭规则时，往往会制定比较牵强或随意的内容，要么过于抽象，如“永远要保持乐观和积极”；要么过于琐碎，如“要把衣服叠整齐”。这种家规使教育环境缺乏威严，惩罚也自然形同虚设。

（5）做好特异性预案。我们都说法外无情，但现实中总是会有特异性事件（特殊情况）发生，我们也不希望儿童生活在一个绝对冷漠和刻板的家庭环境中。比如，要求孩子每天必须在晚上 9 点前睡觉，这在大多数时候是适宜的，但是节假日、旅行等特殊情况一定会打乱原本的节奏，若不提前说明，会影响规则的执行。因此，我们可以在该规则下做备注：若出现特殊情况，需要在得到父母双方认同后进行适度调整。

（6）规则具有可变性。任何已经被孩子内化的规则，其存在都没有意义。比如"吃饭前要洗手"，对于幼儿阶段的孩子是必要的，但对于青少年来说显然没必要。同时，随着孩子长大，他们对家庭的依赖也理应越来越小，家庭规则的条目也应该越来越少。因此，每隔一段时间，我们都需要重新修正规则，具体来说，一个规则的寿命分为：试行期、执行期和作废期。试行期一般为一个星期，这一阶段仅对行为目标进行自律性要求，并观察其可行性，在试行期结束后进入执行期。执行期一般是 3 ～ 6 个月，期间完全按照规则对行为进行考评，对于产生争议的部分，经亲子双方商讨可以进行微小的改进和完善。当积极行为可以稳定在不少于 1 个月后，便可进入作废期，可进行一次小型告别仪式来庆祝孩子能力的提升，并将该条目从规则中剔除及选择加入新的条目。

（7）规则是行为约束的底线。完成规则属于义务范畴，不应对其进行奖励，但可以进行一般性的鼓励。

➲ 惩罚的设定

惩罚一般与家庭规则结合使用，当触碰了家庭规则的底线，就要实施惩罚了。基于惩罚性干预的特殊性，我们仍需对其操作进行一定的规范。

（1）要尽可能避免体罚，若必须使用体罚或家庭文化中对此类行为有一致性的认可，需要对惩罚方式进行细致的说明，比如“用什么打”“打什么部位”“打几次”“打得程度如何”，这种规定看似滑稽，但可以确保执行过程更理智。

（2）最常用的惩罚方式是剥夺孩子原有的特权，或者取消对他们欲望的满足，比如“一周不能使用手机”或“今晚独自睡觉”。

（3）惩罚要达到使儿童产生厌恶感的效果。很多时候我们对惩罚方式的选择都是想当然的，像选择激励方式一样，只有密切关注孩子的生活细节，才能制定恰当的惩罚方案。

（4）惩罚标准不应过于极端。尤其是当我们愤怒时，常常会说一些过激的话，比如“再考不及格，就永远别回家”，这样的惩罚显然是不可能实现的，更有可能转变成孩子惩罚我们的方式。再比如“错一道题，写一百遍”，这样的方式也缺乏合理性。

（5）对于有关复杂问题、常犯问题、困难问题的规则，需要给予一定的惩罚缓冲期，毕竟惩罚不是目的，目的是塑造积极行为。因此，我们实施惩罚时，同样可以沿用积分或代币的方式，进行有序的、系统化的操作（见表 14.1）。

表 14.1　家规惩罚记录表示例

家规惩罚记录表（周）历史累计积分：28 颗								
规则	**惩罚**	**周一**	**周二**	**周三**	**周四**	**周五**	**周六**	**周日**
晚上 9：30 前躺在床上	☆							
不能说脏话	☆☆							
不跟人打架	☆☆☆							
周一至周五早上 6：50 洗漱完毕	☆							
任何情况下不能跟家长动手	☆☆☆							
不破坏公共物品	☆☆							
积分惩罚说明	3 颗：连续 3 天不能使用手机或看电视 5 颗：扣除 1 周的零用钱 8 颗：下周不能使用手机或看电视 10 颗：取消 1 周的娱乐活动							

积分的惩罚兑现权利归父母所有，一般在满足一个惩罚条件时，就需要即刻实施惩罚。

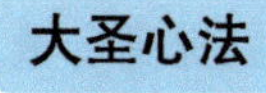

没有人喜欢被惩罚，但没有惩罚却万万不行。

第 15 章

孩子总是缠着你说个没完怎么办

➲ 情景重现

孩子："妈妈，你看这个，好玩不……你快来看下！"

孩子："妈妈你在干什么？你为什么要做这个啊？"

孩子："我想用这个扎它一下行不行？就扎一下！"

孩子："你看，你快来看，它被吸住了……好玩不！"

……

从早上起床，到晚上入睡，只要他们睁开眼睛，嘴就在一刻不停地说。他们并不在意你在哪、忙不忙，因为他们假定你就在他们身边全天候等待被调遣。如果得不到你的回应，他们就提高音量，或者不断重复，烦躁的情绪让你濒临崩溃。但似乎任何劝教和恐吓都无济于事，只要你的情绪稍稍缓和，"问题"便又接踵而至……

➲ 错误的教养方式

（1）置之不理——这会挫伤亲子关系，让孩子感受到被忽视，并且可能会错过孩子成长中遇到的重要问题。

（2）细心回应——多数情况下我们会因此感到精疲力竭，更令人泄气的是，孩子常常对我们的讲解不屑一顾，好像他们并不关心一样。

（3）反复说明——无论你多么郑重其事地告诉孩子“不要问无聊的问题”，他们的这种行为都不会有太大的改变，更多时候他们会跟你不停地纠缠“这些问题是多么有意义”。

➲ 有效的教养策略

不给予明确的回复

不要过于在意孩子的每个问题，大多数时候他们只是将自己感知到的信息，通过询问的方式表达出来，从而强化对信息的认知。所以给予他们简单的回应如“哦，是嘛”“这倒是挺奇怪的”“可不是吗……”，或者简单地反问“那你觉得呢”，就足够了。当然也可以直接回答“这我可不知道”“这么看你得好好研究一下”。这样的回应方式在最开始会有些别扭，一旦你熟练掌握，就可以脱口而出了。而孩子在后期也能感知到你的“敷衍”，到那时你也无需尴尬，除非孩子追问，否则他们因你的回应而产生的质疑或愤怒，也如同他们的问题一样，会转瞬即逝——他们并不是真的那么在乎。

规范专属时间

貌似这是一种很荒唐的做法，但是众多实践表明这种做法确实行之有效。我们可以明确地告诉孩子："大人的头脑不如孩子那般灵光，不能随时随地关注不同的事情，所以我们可以把遇到的问题记下来，每天统一处理。"你可以为这个时间段起一个有趣的名字，比如"十万个为什么""特别访谈"或者"探索时光"。但你可能会发现，到了这个时间段，孩子便没有问题了，之前感兴趣的问题也想不起来了。如果你担心孩子的探索欲望会因此被阻断，那不妨自己记下这些问题，再逐一回复。我把这个时间段当成一种专门与孩子相处的特别时光，在这段时间里，我会有问必答，也会等待被差遣，心无旁骛地与他们互动。

还施彼身

当你突然变得"温顺"了，孩子常常会感到好奇，并开始变本加厉。他们常常不会因为你的"应付"就此罢休。他们会不停地纠缠你，问题会不断地被重复，但这并不意味着他们关注问题本身，他们更在意的是让你发生改变。当这种情况发生时，你可以暂时改变策略，一本正经地回答直到他们满意且不再纠缠。然后马上放下手头的一切事情，开始密切关注他们的行踪，并不停地问一些问题，比如“你在干什么呢”“你为什么要这么做”“坐在这舒服吗”“是哪种舒服的感觉”“为什么会舒服”“为什么不坐在别的地方”“难道别的地方就不舒服吗”……没错，他们也会崩溃，然后你便可以快乐地继续做事情了。

大圣心法

大多数时候，生活并不需要太多在意。

第 16 章

孩子入睡困难怎么办

➲ 情景重现

妈妈：“说了多少遍了，你怎么还不睡？不跟你喊不行是不是啊？”

孩子：“等下，我把这个弄完就睡……”

妈妈：“弄什么弄，现在想起弄了，白天都干什么了！”

孩子：“……哎呀，马上就好了！你别吵……”

……

妈妈：“你又在干什么！这都几点了，你说谁家孩子像你睡这么晚？！”

孩子：“哎呀，我知道了，我不困，睡不着啊！”

妈妈：“闭上眼睛就困了，睁着眼睛能困吗！”

……

生活总是以相同的方式不断重复，睡前战争已经成了生活中必不可少的一部分。虽然你早已厌倦不堪，但孩子就是屡教不改，甚至油盐不进，每到睡觉前就会发生一场战争，你甚至怀疑他们是不是不需要睡觉！

错误的教养方式

（1）强硬坚持——不是说你一定不会胜利，问题是强制孩子早睡可能会带来另一个问题——他们醒得过早。渴望宁静生活的愿望丝毫不会因此被满足，尤其是如果你是一个睡眠质量不高的人。

（2）不断嘱咐——完全没有意义，除非你想通过这种“正确”的叮咛来表达自己压抑的情绪，而冲突并不会真正减少，只是换了一种方式。

（3）放任自由——没有孩子愿意主动睡觉，对这个问题放任不管会让他们的疲惫感以躁动的情绪表达出来，他们会消耗你们彼此最后一点耐心。

有效的教养策略

全员早睡

儿童的作息规律受成长环境的影响，因此一致性规则更有益于习惯的养成。家庭成员应尽可能做到全员统一睡眠时间，到了规定的时间后，应该停止一切娱乐活动，并关闭所有灯光。在刚开始的时候，你将和孩子面临同样的困境，原因很简单——你们不困。不困“硬睡”会让彼此都更加烦躁，这时候千万不要勉强，在黑暗中聊聊天将是一种非常美好的体验。通常用不了一周的时间，节律性就养成了。不过，很多家长习惯晚上玩手机、看电视或打游戏，这也没关系，当孩子的习惯养成以后，你只需要等孩子睡着了，再起身尽情享受之后的时光。

作息调整

这不是一般意义的妥协，更像一种因材施教。我们知道每个孩子都不同，有些孩子天生精力旺盛——不是那种困了以后闹觉的行为。他们通常不需要睡午觉，每天只睡六七个小时依然可以保持活力，这类孩子常常出现在非症状性多动气质群体中。一般的教养规则显然对他们并不适用。甚至调整节律性的后果是他们或许会早睡，但结果是他们会早起，因此痛苦并未被消除，只是换了个时间出现。针对这样的孩子，我们可以适当放宽对作息时间的管理，至于空闲时间如何运用，可根据个人的教养风格进行调整。

睡前活动

这是我们应用最多的、效果最好的方式，包括睡前洗热水澡、进行亲子抚触（针对年龄较小的孩子）、讲睡前故事或谈心等。不过，对于多动型儿童，一味地压抑他们的行为是无法让这些流程顺利推进的。要确保睡前将孩子多余的能量释放掉，可以利用一些活动帮助他们释放能量，这些活动可以参照本书第四篇（训练篇）中介绍的各种训练游戏。最不可取的活动就是逼迫孩子完成作业或学习到睡觉时间，然后马上让孩子睡觉。

大圣心法

累了，倦了，困了，自然就睡了。

第 17 章

孩子缺乏安全意识怎么办

➲ 情景重现

妈妈：“你是不是傻啊，有没有告诉你不要上去玩！还跑？你掉下来怎么办！”

孩子：“啊，我知道了，我知道了……”

妈妈：“你干什么去……回来！刚告诉你别上去玩，你怎么又上去了！”

孩子：“没事，我就玩一会……哎呀！”（孩子从梯子上摔了下来）

妈妈：“说没说你，说没说你……活该，看你还上不上去了！”

……

这类孩子似乎从来不会感到害怕，他们总是对我们的忠告置若罔闻，就算你喊破了喉咙，也很难阻止他们对狂热的游戏体验的追求。或许你并不喜欢孩子弱不禁风的样子，但是每次看到他们不知深浅的行为，你的心还是会提到嗓子眼。虽然每次都像看极限特技一样刺激，但是他们并不总是能全身而退，而在他们看来，身上的道道伤疤更像是“荣誉勋章”，每一次挫败反而让他们变得越发大胆，丝毫起不到警示作用。

➲ 错误的教养方式

（1）严格阻止——为了避免出现问题，最简单粗暴的方式就是不去面对问题。但我们要知道，任何压抑孩子天性的方式，都必然在日后以更强大的补偿力量产生破坏性效应。

（2）反复警告——不痛不痒的叮咛常常无法引发孩子的注意，反而会让他们感到厌烦，从而使他们彻底屏蔽了我们所说的内容。或许他们会好好地答应，但那只是应付我们，他们的心早就被那些充满挑战的行为抓走了。

（3）紧急叫停——当风险行为（并非危险行为）来临时，我们突然的警告或忠告反而会让他们分心，让原本发展不良的专注能力变得更容易分散，从而使风险增加。

（4）夸大恐吓——过分渲染问题的严重性，不仅不能让他们望而却步，反而会激发他们挑战和探索的欲望，他们是天生的勇士，挑战未知是他们基因中的使命。

（5）严厉处罚——我们常常因孩子不听从劝告而实施严厉的处罚，尤其当风险来临时，我们的情绪会异常激动，无论孩子是否安全，我们都沉溺在孩子的对抗给我们带来的情绪之中。当处罚中蕴含着权威性的压迫，自然是无效的。

➲ 有效的教养策略

提前预警

在问题出现之前预见风险，是对具有冒险精神的多动型儿童最重要的干预策略。多动型儿童的大脑像一个雷达，不断搜索着可以引发其高度唤醒水平的刺激。因此，当面对刺激情境时，其他信息都变得无关紧要。而在问题出现之前与他们进行互动，效果显然要好得多。对于家长而言，要对可能引发风险的情境提前做好判断。比如去公园玩可能会接触到水，去爬山可能有登高失足的危险，上美术课可能会把颜料弄到衣服上，上体育课可能引发冲突等。你没有必要像背课文一样，把所有的问题都牢记于心，只需要提前提出问题，再一起讨论，并对孩子的行为进行规范即可。以要去登山为例，具体操作如下。

妈妈：“一会我们要去登山，听说很多古代的好汉都以登上那座山为荣。你想去吗？”

孩子："我想去，我最喜欢登山了！"

妈妈："但是我们得想想，登山可能会有什么风险？"

孩子："可能会掉下来！"

妈妈："是啊，掉下来可就摔成'狗熊'了。"

孩子："哈哈，我不能掉下来。"

妈妈："那你怎么保证自己不掉下来呢？"

孩子："我好好走路，不上蹿下跳……不做危险的事！"

妈妈："嗯，特别棒！如果我发现你做危险的事情了，我该怎么办呢？"

孩子："你就拉住我，不让我乱动！"

妈妈："我可拉不住你！这样吧，我们俩之间拴一根绳子，这样就能保证你不会离我太远了，你说行不？"

孩子："啊？那好吧……不过你得走快点，你走得太慢了！"

妈妈："好！"

主动尝试

小兔子爱吃草，小马喜欢蹦跳，小老虎要吃肉，多动型儿童自然要多多地动起来。我们需要知道，教育的力量再强大，也远远抵不过本能的驱动。面对这些天生的勇士，我们自然不能像对待奴隶一样管束他们，而是要主动寻找机会，让他们的能力得以施展。相比于让他们被动选择，引导他们在安全的环境中主动尝试，将会更合适。

首先，我们可以选择相对安全的环境，激活孩子的探索天性。在项目方面，我们可以选择那些既具有挑战性，又有安全保障的项目，比如攀岩、游泳、球类竞技等，也可以在家长的陪同下将挑战生活化，比如跑跳够树枝，还可以使用一些玩起来激烈但很安全的小玩具，比如气锤、水枪等。只要你主动地塑造一种竞技和挑战的环境，就会发现孩子的优势。

其次，我们可以在此过程中帮助孩子获得积极的自我认同感。抛开运动本身对多动问题的帮助，由于这类孩子在生活中常常遇到麻烦，这些游戏可以缓解他们在生活中体验到的焦虑，培养他们的信心，更有可能帮助他们获得一技之长，甚至帮助家长发现他们的天赋所在。

最后，孩子终有一天会长大，未来有无数种可能是我们无法预期的。如果风险是不可避免的，那么有应对风险的能力才是我们更应该关注的。通过主动尝试，孩子可以习得更好的运动支配能力，并且获得真实的体验，从而让他们更具主观抑制力。

有效阻断

与世界的随机性相比，教育能够预知的风险常常显得微不足道。新的问题总是会不断出现，当我们发现风险事件来临时，一定要尽可能理智地进行评估。一般而言，当孩子做出可能存在风险但不会给自己和他人带来重要安全隐患的行为时，我们要保持观望，并让自己处于随时可以保护孩子的物理空间中。若风险系数极高，需要我们用更高的刺激水平引发孩子的注意，快速阻止孩子的行为并将其带离环境。当孩子已经对我们的提醒产生免疫或表现出对抗时，我们可以通过转移孩子注意力的方式接近孩子，比如告诉他你发现了一个特别好玩的东西，让他过来看看，然后再去玩等。但这种方式只适合在极端情况下使用，否则就会变得无效。

事后分享

我并不主张在一般风险问题发生时，采取极端的阻断行为，这时我们应该保持观察，并提供支持，比如快速地接近并保护孩子，冷静地说“慢点，注意保持平衡”。等孩子完成行为后，我们需要跟他总结之前的经验，无论他成功完成还是失败，都不要去指责。相反，如果有机会，还要让孩子再次挑战一下，直到他们掌握了切实有效的方法，或获得了成功驾驭该情境的能力。

分享一个我和女儿的小故事。女儿 18 个月大的时候，我带她去早教机构，她自己爬到一个一米多高的滑梯上，不小心掉了下来，瞬间哭得撕心裂肺。我简单检查了一下她的身体，发现并没有大碍后，安抚了女儿的情绪，然后问她，要不要再来一次。她抹了抹眼泪，委屈又期待地点了点头，就这样，在众人的注视下，她又试了一次，最后开心地笑了。

大圣心法

人类之所以会变得更好，不仅因为我们有恐惧，还因为我们有更美好的期待。

第 18 章

孩子出现畏难情绪怎么办

➲ 情景重现

妈妈："我们加油，再背两遍就记住了！"

孩子："我不背了，太难了，我记不住！"

妈妈："你不背怎么能记住啊，就这么两行诗，加一起没有 30 个字，怎么就记不住啊？"

孩子："我都不懂什么意思，怎么背？"

妈妈："那你过来，我告诉你什么意思。"

孩子："我不去，我听不懂。"

妈妈："你过来，我们先读两遍。"

孩子："我不去，我背不下来，我肯定背不下来，你还让我背！"

……

不知从什么时候开始，那个原本天不怕地不怕、勇敢乐观的小孩在面对学习时总表现出一副害怕的样子。他们似乎根本不去思考如何面对问题，而是渴望把自己圈在一个“壳”里，谁也看不到他们。无论我们说什么似乎都没用……

➲ 错误的教养方式

（1）强制执行——退缩、违拗的孩子会将我们的耐心消耗殆尽。或许他们也会因畏惧我们的权威而被迫尝试，但只要你见过他们“努力”的样子，我发誓你会想马上走开。他们会木讷地遵从你的要求，他们的大脑已经休眠，行为像提线木偶一般，只是单纯地配合主人的意愿。

（2）轻视问题——面对孩子的怯懦，家长最常出现的教育行径就是鼓励。但鼓励的过程又常常伴随着对问题的轻视，比如“这么简单的事，你肯定一下就做好了”。虽然这种态度是好的，但是却很难产生积极的效果，取而代之的是双方进入无休止的争论之中——孩子说难，父母说不难……

（3）批评否定——孩子持续的退缩会让我们更加愤怒。当我们也被情绪控制时，便会将原本的问题抛在一边，转而把矛头指向孩子的性格，这时的教育行为已经彻底沦为泄愤的工具。很显然，在此过程中，孩子得不到任何有意义的信息，而且他们消极的自我认同会被强化。

➲ 有效的教养策略

第一步：感同身受

我们需要知道，对困难的定义因人而异，因此，我们首先应该尝试站在孩子的视角感受问题的复杂性。比如，我们总是挑剔刚入学的孩子的字迹难看，这时，我们不妨尝试用左手来完成孩子的作业，便立刻会发现其中的困难。对于没有共情习惯的家长来说，这种方式并不容易，因此我们可以通过夸大问题的难度来共情孩子。比如“这个乘法口诀太难背”“这么多内容，谁能背完呢”。从表象来看，这似乎是在给孩子找借口，但其深层意义却并非如此。

在关系的互动中，两个人形成了一个新的、完整的系统，能量在二者之间流动以保持平衡，因此一方（客体）充当着另一方（主体）的情绪容器。比如，一个人很愤怒，这意味着他自己的情绪容器已经满了，若客体方一味地安慰、否认或逃离，便会使主体方的情绪无处安放，甚至越来越多。与之相反，如果我们打开自己的容器，通过同理心来保持接纳，那么就会承载对方多余的情绪，从而让对方的情绪得以平复，更快地回归理性。

第二步：澄清问题

当孩子的情绪相对稳定后，他们自然会将注意力从情绪中抽离，这时让他们重新看待问题常常会产生奇妙的变化。在与孩子沟通时可以这样说“不行，我得看看它到底是怎么把我们打败的”或者“让我们来看看它最难的部分在哪里”。之后可以引导孩子找到困难所在。

在孩子寻找到困难点的时候，我们还可以设置一些有利于提升他们自信的“障碍”。比如一本正经地说“你说哪个最难”“我觉得这个不难，这个不就是……那么回事吗？我觉得那个才更难”。我们所指出的是孩子可以掌握的部分，让他们给我们讲解，这样就会调动起孩子的自我价值感。同样的道理，我们还可以在陪孩子学习的过程中故意重复犯错，假装不懂或听不清，从而引发孩子在积极的感受中不断强化认知。

第三步：巧妙助力

当引发了孩子重新关注问题后，我们就可以尝试在情景中进行引导了。需要注意的是，教育或教导常常会重新引发孩子的防御性退缩，比较有效的做法是采取“争论”的方式，试图唤起他们争强好胜的特质。给大家推荐三种有效的方式。

- ✧ 否定与发起——否定孩子所认为的问题，并发起自己所认为的问题。例如，“我觉得这个很容易啊，你看……不就好了吗？但是我那个问题才难呢，我真的一点办法也没有，你要是能把我说的那个问题解决了算你厉害，你那个问题包在我身上。”

- ✧ 协同竞技——与孩子一起来完成任务，但是要先预设好更低的标准，并根据孩子的表现进行动态调整。例如，在背诵时你可以说："这东西，要是让我小时候背，估计我要背半个小时，还得是你爷爷拿着皮带看着我，你觉得你要是全力以赴，多久能完成？要不我们一起试试，我估计我背不过你，但我想挑战一下。"
- ✧ 目标挑战——提出一个足够引发儿童兴趣的奖励，需要注意的是，必须在之前两步教育策略完成后，才会发挥作用。另外，这种奖励会引发孩子的依赖，并不建议经常使用，使用时也不要给予特殊的奖励，通常可以用"一会陪你出去玩""晚上给你做好吃的""完成后可以看半小时电视"等方式强化。对标准的设置一定要留有余地，例如，你觉得孩子可以 5 分钟完成，你就要将标准定在 7 ～ 10 分钟，最好还要表示出质疑："给你 8 分钟怎么样？不行，10 分钟吧……这样吧，你要是能在 10 分钟内完成，就可以看 20 分钟电视，如果提前完成，每提前 1 分钟就多看 10 分钟电视，你觉得怎么样？"

大圣心法

"重视"引发退缩，"挑战"提升兴趣。

第 19 章

孩子行为冲动、爱逞强怎么办

➲ 情景重现

孩子：“妈妈你在干什么？”

妈妈：“我的项链有点问题，我把它固定一下。”

孩子：“我来弄、我来弄……我能行……让我弄吧！”

妈妈：“你别闹……你慢着点……那不对，不是……哎！”

孩子：“我不是故意的……”

妈妈：“告诉你别弄，你偏要弄，项链坏了吧！”

……

不论是在家里还是外面，这些孩子总是难以抑制自己的好奇心和表现欲，任何新鲜的事物他们都想尝试。只不过积极态度的背后是他们对自身能力的夸大，并且几乎无法在失败中吸取教训。来自老师的消极反馈更是让人头疼，他们总是在课堂上接话让他们看上去缺乏教养。

➲ 错误的教养方式

（1）重申道理——如果讲道理有用就好了，由此可见讲道理有一定的局限性。道理是基于道德约束的规则，很显然，我们需要讲道理但孩子并不喜欢讲道理。这些不喜欢的事情难以唤起多动型儿童的兴致，他们最多只是麻木地接收，然后在不经意间随意丢弃。

（2）纠缠退让——当发生一件事时，我们更容易相互撕扯和争执不休，最终常常因为拗不过孩子而妥协。殊不知这正是孩子喜欢的，比起那些"无关紧要"的是非对错，对抗的过程更让他们感到兴奋、有趣。若最终妥协的总是我们，便给予了这一模式最佳的强化。

（3）批评惩戒——为了避免问题进一步恶化，很多家庭都为孩子的冲动行为制定了苛刻的惩罚规则，从短期来看效果还是不错的。但是我们要知道，这种方式牺牲的不仅仅是孩子对未知的探索和成长经验的积累，还会引发其否定自我和压抑情绪，这为继发性心理问题的产生埋下了伏笔。

➲ 有效的教养策略

缩减并明确约束范围

面对问题我们常常会以偏概全，这使得我们原本积极的教育认知发生动摇。积极乐观和勇于探索是孩子成长早期至关重要的品质，我们真正需要做的应该是帮助他们构建更细致、清晰的限制情境，而不能一概而论，全盘否定他们的行为。这种约束情境越少越好，越具体明确越好，比如：

- 在课堂上一定要先举手，等老师叫到再表达需求；
- 遇到陌生人或不熟悉的人，要征得家长的同意再与他们进行交流和互动；
- 询问别人两次后，别人仍然拒绝或没有回应，就代表对方不感兴趣，不要再继续追问，可以保持关注并等待时机，或先选择其他有趣的事情做。

家庭既是养成习惯的地方，也是缓解情绪的地方。我们不能把家庭仅仅当成培养孩子良好品格的学校，尤其是多动型儿童，他们在生活中感知到很多压力，因此急需一个安全的环境来帮助他们处理情绪。如果我们可以有效地约束他们，并以此规范他们在社会生活中的言行，固然很好，但倘若收效甚微，我们就应该选择其他方式。现代教育理念要求家庭具有更多的包容性，只有孩子在家里放松了，才有可能在面对规则的时候紧张起来。

建立行为缓冲机制

在做任何行为之前，加入一种自动化的缓冲行为，是提升抑制能力的一种有效策略。首先，我们需要建立提醒机制，比如，双手做停止手势（左手掌心向下，右手食指指向左手掌心），也可以创造属于你们彼此的秘密手势，如用拳头轻击自己的胸口，或并拢五指做两下折叠运动。其次，要明确在看到警示动作后所采取的缓冲方式，如当看到警示动作后，马上停止一切活动，在心中默念 10 个数，或感知 10 次心跳。最后，要教导儿童规范的行为表达，如用更冷静温柔的方式询问意见。

对于儿童在校的表现，由于缺乏我们及时的警示和提醒，难以保证其行为的改善。因此要提前与他们逐步规范靶向目标，培养孩子的自我管理能力，比如，本周的目标是减少课堂抢话，要求每当自己想表达的时候，就立刻利用缓冲方式将自己的冲动行为叫停，在心中重现一次规范行为，再做出行为。我们要每天都与孩子记录成功行为，并制定积分奖励措施，直到一个行为得到改善后，再开始下一个行为。

大圣心法

起跑前一定要确保系好鞋带！

第 20 章

孩子总是犯错、屡教不改怎么办

➲ 情景重现

妈妈："你在那玩可以，别把颜料弄到身上。"

孩子："知道了，我不会弄上的。"

妈妈："嗯，我姑娘长大了。"

孩子："哎呀！"

妈妈："……你看看，刚说完，这刚穿的新衣服，弄成这样怎么洗啊！"

孩子："对不起，我不是故意的……"

妈妈："起来，别玩了！赶紧把衣服脱下来！"

……

多动型儿童似乎是天生的捣蛋鬼和倒霉蛋，他们似乎有一种天赋，每次穿新衣服都会在一个小时内弄脏，每次你提醒他们注意的地方他们一定会犯错。如果你恰巧是一位爱干净、重规矩的家长，你大概早已被他们逼疯了。

➲ 错误的教养方式

（1）一致性的说教——无论是不是出于本意，每次面对孩子的错误，一些家长总能一如既往地耐心劝解，并保持一致的回应，这份耐心是值得赞扬的。只是耐心说教并不总是起到积极的作用，平淡的反馈通常无法唤起孩子对错误的强烈感知，对这些孩子而言，他们只是做了他们喜欢的事，然后听到了一些无关痛痒的啰唆。

（2）盲目的责罚——对于孩子屡屡犯错，我们常常会选择更为直接的惩罚方式——体罚，并且打手是最常见的方式。家长们试图通过责罚让孩子建立起一种条件反射机制。但由于不良行为出现的次数太多了，而且不分场合，完全没有规律可循，所以责罚最终让孩子收获的只有苦恼和自责，他们觉得自己好像什么都不应该做，什么都做不好。而这并不是我们希望看到的结果。

（3）放任自由——不论你是源于对“爱与自由”的迷信，还是秉承“眼不见为净”的原则选择这样做，我都必须坚定地告诉你，这些本身就缺乏经验总结和自我反思能力的孩子，并不会像我们预期的那样关注逻辑后果。他们强大的自我保护机制会让他们立刻将那些挫败经历抛诸脑后，我们的纵容只能使他们更加肆无忌惮。

➲ 有效的教养策略

抓大放小的原则

我们需要让孩子明确我们真正关心的问题，而不仅仅是我们的情绪。由于他们总是犯错，就逼迫我们不得不寻找根源问题。但是根源问题来自天生的气质或功能障碍，不会轻易因外部干预而发生改变。解决根源问题就如同我们想让一只老虎从早到晚都听从我们的指令一样困难，但如果每天只让老虎安静地坐一会，或每天跳一个火圈，那么老虎就变得温顺多了。因此，我们不得不在对孩子的要求程度上做些妥协，比如，孩子当下在 10 个方面都频繁出错，我们需要做的是先挑出那些我们觉得重要的，同时又是孩子相对可以改善的两三个方面，在一周内将其作为靶向问题进行攻克，并设立相关的激励机制。对于其他问题，你可以表达自己的感受，但不应提出要求，更不能进行惩罚。

降低要求

对同一靶向目标的要求无需贯穿始终，尤其是针对那些对孩子的综合能力要求较高的问题。比如孩子写作业时出现的问题常包括总是出错、字迹潦草、行为拖拉、坐姿不对等……这时，我们需要将要求放低，首先关注的目标应该是“完成”，其次是“正确”，再次是“工整”，最后才是“方式”（坐姿、握笔）。如果我们的目标缺乏层次性，就会让孩子一直处于提心吊胆的混乱状态中，他们时刻警惕着自己行为的每一个细节，却再无心思做作业。

关注方法而非结果

我们常常认为孩子长大是理所当然的，直到他们呈现出某种功能障碍时，我们才会意识到：原来那些再普通不过的行为，需要如此复杂的功能支持。以“孩子常常打翻水杯”为例，我们首先要考虑儿童前庭发育的问题，由于平衡调节功能不好，他们需要不断调整姿势以保持平衡，这一过程会进一步影响注意力的分配，让他们顾此失彼、紧张兮兮，加剧了犯错的可能。同时，使用水杯的过程需要视觉、触觉、大动作、精细动作等紧密协作，冲动行为容易让他们忽视水温，突然传来的烫伤感让他们因急于摆脱痛苦而犯错，视觉与运动觉的统合也容易让他们因无法有效判断杯子的方位而将其打翻。

所以，干预绝不是提醒和警告那么简单。首先，我们要有针对性地对孩子的相关功能进行感统训练；其次，我们需要帮助孩子练习拿水杯的姿势，并提醒他们注意保持平衡。每当孩子成功做到时就给予一般性鼓励；最后，当问题出现时，我们要协助孩子一同收拾残局，尽可能让孩子来主导这一过程，以促进他们形成对行为的自然后果的感知，以厌恶性的方式使问题行为消退。

针对特定功能做系统化训练

正如前文所述，孩子的很多问题源于其基本功能存在障碍或不足。注意力缺陷是一个非常复杂的问题，它是关乎执行功能的多重障碍。当一般性教导无效时，我们需要借助专业机构的帮助，找到孩子发展不良的功能层面的原因，进行有针对性的训练。常见的专注力相关训练有视觉训练、听觉训练、旋律训练、抚触训练等，也可以结合相应的感觉统合训练。

大圣心法

犯错不可怕，可怕的是不知道如何做对。

第 21 章

孩子暴躁失控怎么办

➲ 情景重现

孩子：“不行，我要打他，我要打死他！”

妈妈：“你冷静一点，你疯了啊！”

孩子：“不行，他挠我，我也要挠他！”

妈妈：“人家不是故意的，你要干什么？！”

孩子：“他就是故意的，别拉着我，我要打死他！”

……

相当一部分多动型儿童都伴有情绪控制障碍，他们疾恶如仇、睚眦必报，一旦触及他们敏感的安全区，他们小则以牙还牙，重则加倍报复。这种问题不仅发生在人际关系中，只要生活中出现不尽如人意的地方，他们便会情绪崩溃、难以平复。不达目的誓不罢休的个性、冲动暴躁的脾气，让他们如同一只失控的公牛般横冲直撞……

➲ 错误的教养方式

（1）以暴制暴——这是我们最常用的解决方式，面对孩子无理、野蛮的行径，解释和安抚毫无效果，又无法听之任之，只好通过暴力的方式转移孩子的注意力，并且起到恐吓和厌恶性的惩罚效果。我必须承认这种方式在应对紧急事件上的有效性。但从长远来看，儿童因此习得并明确了情绪与行为之间的关系，当他们再次面临情绪问题时，会进一步强化这种错误的方式。

（2）辩解是非——冲动情绪往往源于需求未被满足，而且常常一触即发，让人莫名其妙。看着孩子摔摔打打的样子，一场激烈的是非辩论战就此开始，双方各执一词，从气势上难分高下……最终以压抑的愤怒和积怨的仇恨收场。

➲ 有效的教养策略

无论问题指向他人还是事件，当孩子的情绪崩溃时，我们都要第一时间去安抚他们情绪。当大脑的边缘系统电闪雷鸣时，处理理性思维的大脑司令部就会完全“罢工”，整个功能系统处于瘫痪的状态，行为只能任由原始的反射机能发号施令：攻击！攻击！所以，当下最重要的任务是恢复孩子大脑司令部的主导权。根据孩子情绪崩溃的程度，家长的具体应对方式如下。

（1）大发牢骚——具体表现为情绪失控，痛哭流涕，大声向家长抱怨或争辩。这时，我们首先要保持冷静，然后清晰地描述出他们此刻的情绪（如生气、难过），并表示自己的理解，告诉他们等彼此都冷静后再谈。比如，孩子因不让他玩手机而愤怒失控时，我们可以说："看得出来你很生气，我想我能理解，但是我没法在这种情况下跟你沟通，你先冷静一下，等你的情绪好一点我们再说。"然后最好离开，给彼此留有空间来缓和情绪。

（2）乱打乱砸——具体表现为情绪失控性地摔东西，这类行为的特点是快速和随机，能看得出他们并不关注自己的行为和对方的感受，只是单纯不受控制地发泄。这时，我们首先要控制住他们的双手，而不是大声呵斥。可以从后面抱住他们，或者面对着他们，用双手稳住他们的肩膀，同时大声说："冷静，看着我，冷静一下！"直到他们行为的力量明显减弱。之后描述出他们的情绪并表示理解，然后引导他们选择可被接纳的发泄行为，如"我知道你很生气，你可以去打沙袋，或者出去踢球，如果你愿意，我可以陪你一起去，但是客厅里的东西是不能摔的"。

（3）攻击家长——具体表现为冲突升级，通常前期由口角引发，小一点的孩子会咬人，或者对家长拳打脚踢，大一点的孩子可能直接与家长上演"全武行"。当他们攻击他人时，便已经脱离了多动障碍，而可能发展为品行障碍，这一部分并非完全是功能层面上的问题，而是有选择性的。懦弱和敌对的回应都会诱发他们的行为进一步失常。合理的应对策略要求我们首先不能在气势上落于下风，一定要相信自己的力量，绝不能用讨好来掩饰自己的懦弱。有时候我们应感慨他们还是孩子，还可以通过成年人的力量强制约束他们的行为。此刻，我们需要做的是快速用双臂握紧他们的上臂以控制他们的上肢，同时目光坚定地看着他们说："你要干什么？请保持冷静！冷静一下！"此时一定不要说过多的话，不断有力地重复即可，直到他们平静下来，再按照前面提及的方式，逐一进行情绪的描述、行为理解、空间隔离和再沟通。

（4）攻击他人——具体表现为不由分说地冲向他人，蓄意击打或报复。在行为控制方面的处理方式与对"攻击家长"的处理方式相似，此时最好从后面控制住儿童，并反复强调"冷静一下，请冷静一下"。当孩子的力量松懈后转向面对孩子，并用双手轻轻地握住他们的双肩，以防儿童突然挣脱。然后平静而坚定地进行沟通，注意要保持与儿童的感受相一致的立场，并启动开创性的应对方式。比如这样说："我知道你很生气，他一定做了什么让你不舒服的事，但是无论如何，打回去是不可以的……没有为什么，只要我在，就是不可以的，现在就是不可以的，但是……我们可以一起商量其他方式，看看有没有什么既可以让你出气，还不打人的方法。"

除此之外，我们还需要在日常生活中帮助孩子学会感知自己的情绪变化，并教给孩子在情绪爆发前及时“叫停”的方法。

大圣心法

先念紧箍咒，再念大乘经。

第 22 章

孩子总是频繁出现奇怪的表情怎么办

➲ 情景重现

妈妈："你干什么呢？"

孩子："没干什么啊！"

妈妈："不是告诉你不要弄眼睛了吗！好看吗？"

孩子："我眼睛不舒服！"

妈妈："总是看手机眼睛能好吗！"

孩子："我没总是看手机啊！"

妈妈："没看手机眼睛怎么总眨呢！"

……

眨眼睛、舔嘴唇……总是不由自主地、频繁地做出一些奇怪的面部表情，有些孩子还会伴随着嗓子里发出奇怪的声音或者嘀咕着一些语句，这些是抽动症的表现。多动症儿童或多动型儿童出现抽动症的概率远高于一般群体，这主要是由环境对他们行为的约束更为苛刻造成的。而抽动症的心理动力致病机理，正是正常的动力诉求被压抑，导致能量堆积，最终引发不自主的奇怪行为。对此，有些描述也很值得玩味，比如“眨眼睛”意味着想看不让看，“动嘴巴”意味着想说不能说，“耸肩膀”意味着想动不能动。虽然这类描述缺乏严谨的科学论证，但在我个人的临床经验中，却发现很多符合这类描述的现象。

➲ 错误的教养方式

（1）严苛管控——一些家长通过密切的观察和严苛[①]的控制来约束孩子的不当行为，每当行为出现就立刻采取惩罚措施。这种方式的持续实施是很困难的。因为我们无法一直密切跟随孩子的行踪，而且惩罚必须要达到足够大的强度才能减少不良行为，这相当于用一种压力去抵御另一种压力，即便有所收效，我们也常常会发现，症状会以其他方式呈现出来，比如以前眨眼睛，现在开始舔嘴唇，甚至很多症状一并出现。

---

① 对这类孩子来说，他们需要一定程度的教育甚至惩罚，这是为了帮助他们内化规则，但与合理的惩罚不同，严苛的要求通常违背了孩子的发展特征，忽略了孩子的诉求，并且通常以教育者的情绪宣泄和控制为目的，因此严苛的要求不利于孩子的成长。

（2）反复说教——说教，又是说教！或许家长认为这种叮咛是出于对孩子的关心，但是反复提及也起到了负面的作用，反而增加了问题出现的频率。

（3）顺其自然——很少有家长完全对孩子放任不管。大多数遵从"顺其自然"原则的家长都是别无他法了。虽然有相当一部分孩子的怪异举动在未来的若干年中能够自然缓解，但是如果家长采取"顺其自然"的方式，那么孩子短期内仍然会积累不小的生理和心理创伤。

➲ 有效的教养策略

教育调整

正如前文所述，抽动症的心理动力学病理源于环境的压力。我在个人的临床工作经验中发现，90% 以上的抽动症儿童都拥有至少一个严格的家长，这也证实了动力理论的推论。因此，每当我们发现孩子出现问题时，首要的工作就是反思自己的教育模式。一些家长可能会感到很委屈，在他们看来，自己对孩子的学习方面要求并不高，孩子的发展一直是"自由取向"的。虽然这些家长看似是放任的，但更多是将放任作为要求的筹码，他们会有属于自己的严格规则，那是不容置疑和触碰的。与对孩子行为的正常约束不同，这些行为底线千奇百怪，比如，永远不能跟大人顶嘴，回家要先换衣服再吃饭，永远要先考虑别人的感受等。总之，只要不能贴近孩子内心的真实诉求，只要在教育中有着强烈的权威要求，那么就意味着强势和压迫。同样，倘若能从教育细节入手，不断改善教养方式，那么绝大多数早期抽动行为将不治而愈[①]。只是另一个现实更为残酷，这看似简单的改变却涉及整个家庭系统模式的调整，操作起来困难重重。所以，建议大家最好借助专业心理咨询师或家庭教育机构的帮助。

放松训练

家长可以为孩子选择一个特定的时间段进行放松练习，一般睡前的时间最佳。沐浴后，孩子处于放松状态，针对抽动发生的部位，家长和孩子一起做局部的“收缩 – 保持 – 放松”运动，可有效释放压力，提升肌肉控制的自主性，起到缓解症状的作用。一般每次进行 3 ～ 5 分钟，之后可对相关身体部位进行热敷和抚触按压，若结合中医穴位的按摩则效果更好。

---

① 此处提到的不治而愈是基于作者的假设，即抽动行为源于环境对儿童行为的约束过于严苛，并非指只要改善教育细节，抽动症状就会不治而愈，必要时请及时就医。——编者注

隐喻暗示

该技术最好由专业人士操作，此处只是向大家提供一种解决问题的思路。首先，我们要向儿童指出问题；其次，我们需要通过交流找到致病的原因；最后，我们通过隐喻暗示来缓解症状。整个过程要缓慢、柔和，注意节奏和儿童的体验。具体指导语举例如下。

“我最近发现你的眼睛出了点小状况，是不是感觉它好像不受你的控制，有了自己的思想？其实我们每个人的身体里都有一个精灵，它不开心的时候就会随意地跑到我们的某个器官中，通过捣乱来表达愤怒。看起来它现在正在你的眼睛里捣乱，你知道它为什么会生气，又为什么在你的眼睛里吗？……很好，现在我们找到原因了，所以在以后的生活中，我需要积极地配合你，给你更多选择的自由，让你多关注世界和你喜欢的东西，让这个精灵开心，你的问题自然就好了。但是现在它好像习惯待在那里了，所以我们需要让它暂时离开。现在闭上眼睛，平静地呼吸，你能感受到它的具体位置和形状吗？……很好，现在想象你的眼睛越来越热，越来越热，热却很舒服，但是这个家伙很怕热，它周围的刺一点点变软，一点点变软，逐渐，逐渐地融化了，渐渐地，它的身子也在变软，一点点地融化了，越来越小，越来越小，最后像气体一样蒸发了……”

药物干预

早期的抽动行为通常可以借由上述方法得到有效改善。但是若症状持续的时间超过半年，并且症状表现强烈，甚至存在多种症状并存的状况，就需要及时去医院的神经科或心理科进行评估诊断，遵医嘱服用特定的药物。我们应该记住，药物只能起生物学方面的调解作用，问题的根本仍需要通过改善教育生态来求得根治。

大圣心法

被克制的本能若不能向外释放，便会以破坏性的方式惩罚自我。

第 23 章

孩子喜欢搞破坏怎么办

➲ 情景重现

妈妈："你怎么又把玩具拆了？"

孩子："啊……我一会就装回去。"

妈妈："什么装回去啊，哪次你给装回去了！"

孩子："你看，这不好了吗！"

妈妈："好什么好啊，这几个零件是什么？这不坏了吗！"

孩子："什么？我看看……哦，我不小心，我知道怎么弄……"

妈妈："起来起来！你知道什么！下次看你再拆我不打你！"

……

如果孩子的问题只是喜欢拆玩具，倒也不是什么坏事，至少我们还能存有一丝"爱探索、好钻研"的美好期待。但若他们总是无端地在墙上画画、把衣服剪破、在同学书包上画乌龟、把别人的玩具砸烂……那我们的心情就很难保持美好了。

➲ 错误的教养方式

（1）美化行为——尤其对于年龄小的孩子，我们常常将“好动”美化为“聪明”，而将那些冒失的行为解读为“不小心”或者“因积极的意图而产生的消极结果”。我并不否认这种教育视角在某种情况下的有效性，只不过这种阻止儿童对自然后果理解的教育方式，并不会起到促进孩子的行为向积极层面转变的结果。或许能力的发展需要机会和舞台，但价值观的树立却离不开教育。

（2）不予重视——由于这些破坏性行为常常指向一些小事，所以一些家长通常不会特别重视，虽然每次都会严厉地强调，但也常常被孩子嬉皮笑脸地搪塞过去。我认识的家长中，很少有因此真正给予孩子有效惩罚的，最多只是“你记住没”“下次看我不收拾你”这样不痛不痒的恐吓。

（3）过度严苛——对于规则意识很强的家庭，常常秉承“勿以恶小而为之”的信念，因此，他们会严格地责罚孩子的不良行为，并做细致而严谨的规范。但结果却总是差强人意，在家里安分守己的孩子，却总在外面惹是生非，这让家长常常摸不着头脑，不知道哪个才是孩子真实的一面。

➲ 有效的教养策略

第一步：明确边界

由于好奇心强是多动型儿童的特质之一，因此我们绝不能基于“防患于未然”的态度来压制这种欲望。比较理想的做法是通过物品的归属来构建操作边界，比如，自己的物品可以任由自己破坏、拆解或研究，但“坏了就等于暂时没有了”，这有助于儿童感知到行为的自然后果。另外，家里的东西需要请示后经父母同意方可进行“研究”，不可私自使用父母的私人物品，一旦出现，立刻介入惩罚机制。最后，他人的物品绝对不可以过度使用，进行观察和一般功能使用需要得到对方同意，否则，一并介入惩罚机制。

第二步：主动参与

当我们发现孩子在边界内进行“研究行为”时，应采取主动介入的方式，并表现出好奇。这在权威型家庭中可能较难实现，但依然建议家长积极尝试。这种方式既有利于营造良好的亲子关系，又可以深入了解孩子的兴趣和能力，而不是想当然地对其行为进行批判或褒奖。更重要的是，我们的介入可以为孩子的成长提供“脚手架”式的支撑，有效地将孩子的“问题行为”转变为“积极探索”，或将“盲目感知”转变为“科学探索”。

第三步：激发潜能

多数随机破坏性行为都源于内在动力得不到积极引导。对这些精力旺盛的孩子来说，常规的教育生活难以满足他们求知的欲望和运动的诉求。当我们了解到孩子的兴趣和能力所在时，便可以向他们提出相应的要求。比如，我们发现孩子总是在墙上乱画，应首先引导孩子在自己房间的墙上画，然后再伺机去孩子的房间观察和询问，引导他们学习涂鸦。此外，你还可以给他们提供可绘墙纸和丰富的水彩，制定绘画主题，或让他们练习写绘画日记。如果我们成功地激发了孩子的兴趣，还可以带孩子专门去学习绘画。当兴趣得到了滋养，学习就不会再枯燥。

大圣心法

坏行为，只是源于缺乏好的方向。

第 24 章

孩子叛逆，总是跟家长对着干怎么办

➲ 情景重现

妈妈：“你快去把书包整理好！”

孩子：“不去，你给我整理。”

妈妈：“你说什么？你自己的书包不自己整理吗？”

孩子：“我不会，我弄不好。”

妈妈：“你不整理，老师明天批评你我可不管！”

孩子：“批评就批评呗，有什么了不起。”

妈妈：“你……”

……

有时候我们常常质问上天，孩子的青春期怎么会来得这么早？只要是我们提出的要求，他们就一概不听！就连那些他们明明做得很好的事情，只要我们开口，他们就立刻放在一边。这类问题还不仅限于家里，从老师越来越多的投诉中，我们意识到他们在学校里的问题也越来越严重。看着他们这样我行我素下去，真担心他们以后会变得无法无天！

➲ 错误的教养方式

（1）步步退却——看着孩子变成这个样子，我们既愤怒又无奈，尤其是他们偶尔表现出的亲近会瞬间让我们忘却了他们的种种行为，我们会安慰自己“孩子只是小、任性了一些，等长大了、懂事了自然会好些”。我们也会认为孩子可能每天压力都很大，在家里我们能多做就多做一些，至少给孩子一个舒适的港湾……但当爱变成纵容，问题只会愈演愈烈。

（2）正面硬刚——当一方家长在教育中败下阵来，另一方则常常以“复仇”的姿态介入。亲子双方瞬间剑拔弩张，谁也不肯让步。但“胳膊总是拗不过大腿”，孩子的违拗往往折服于家长的权威，但是他们却拥有“钢铁般的意志”，折服却绝不屈服。悲壮而戏剧性的结果周而复始地上演：爸爸打、孩子哭、妈妈哄，问题却不了了之。

（3）逐步升级——更多时候，我们的做法趋向于前两者的结合，而最终的应对方案通常取决于我们的心情：当我们心情尚可时会选择方案 1，情绪烦躁时会选择方案 2。但随着时间的推移，我们发现选择方案 1 的时候越来越多，选择方案 2 的时候却越来越少，这说明了什么？或许这意味着一个悲凉的事实：我们老了，孩子长大了，我们打不动了。

➲ 有效的教养策略

一致性的环境

儿童早期的严重叛逆行为，在临床上可参考对立违抗性障碍的标准。除了原始的基因倾向性，这一问题与教育不当有着紧密的关系。行为病理模型是孩子在早期应该被爱的时候没有得到爱，在后来应该给予规则和要求的时候，反而补偿性地被纵容。因此，孩子的成长缺乏一致性的环境。作为家长，此刻应重新审视“爱与规则”的方向和边界，更多地关注孩子的生活和情感，主动与儿童交流，寻找他们感兴趣的话题，虽然这通常与学习无关，但却是恢复积极关系的突破口。与此同时，我们还应明确并坚定家庭规则的部分，通常要保证这些要求的数量在 5 ～ 10 条，要明确到具体行为和惩罚标准，除此以外的行为都应不予约束。

约束行为边界

由于儿童早期常伴有创伤体验，因此家长绝不应该继续使用武力。作为家长首先要管理好自己的情绪，当孩子出现对立行为时，我们应该坚定地明确自己的观点，但不要逼迫孩子，更不能使用武力胁迫他们。比如，针对本节开头的案例，我们可以说："我觉得我说清楚了，你需要马上整理你的书包，否则明天老师会惩罚你。"当儿童坚持对抗时，我们应坚定地选择用自然后果来约束儿童，因此你最好的回应是："好吧，祝你好运！"然后离开并做自己的事。可能孩子在过后会寻求你的关注，比如故意气你，甚至伺机讨好你，但一旦说到之前的事，他们又会开启对抗模式。所以，最好的做法是冷漠地拒绝与孩子的互动，如果孩子一定要追问原因，你可以告诉他："因为你没有做好你自己的事，所以我很生气，我也没有义务持续爱你。"这听上去很冷漠，但是请相信我，这会收到神奇的效果。

游戏化的互动

在生活中，对于那些无关紧要的对抗，我们常常放任自由，但这却加重了问题的严重程度。我们需要知道，孩子之所以采取对抗的方式，还有一部分原因在于他们只习得了通过表达反抗和不适的方式来应对生活中的问题。因此，我们要学会像打太极一样应对这些问题，尤其是生活中的小事，我们可以将其玩笑话、反向化、智慧化，通过亲子之间的真实互动，让孩子习得更加丰富而充满弹性的社交技巧。比如，你想让孩子跟你一起去超市买菜，可能的对话是这样的。

妈妈："走，跟妈妈一起去超市买菜吧。"

孩子："不去，你自己去，买菜有什么意思！"

妈妈："你买过菜吗？买菜可有意思了！"

孩子："我怎么没买过，买菜有什么意思啊！"

妈妈："算了，让你买你也买不明白，我还是自己去吧！"

孩子："你说谁买不明白呢！"

妈妈："好，我给你50块钱，你能买到让咱们全家今晚好好吃一顿的菜，就算你厉害！"

孩子："那有什么难的！"

妈妈："要求是三个菜，必须至少有一个肉菜，足够我们三个人吃饱，你来选，我来做，只要你能完成这个任务，以后你需要我陪你去干什么，我满足你一次！"

孩子："那你下周陪我去动漫展！"

妈妈："没问题！"

大圣心法

叛逆，永远不是单靠一方就可以做到的。

学业篇

第 25 章

孩子能否正常入托和入学

仅从智力层面来看，多动症儿童或多动型儿童的智力发展并无异常，尤其是多动型儿童，他们的反应能力和思维能力甚至优于一般水平，经常被认为是聪明伶俐的孩子。但基于专注力层面的影响，他们确实会在学习过程中表现得力不从心。同时，一些具有典型情绪控制问题的孩子，由于在遵守基本秩序要求方面存在困难，这给他们入托和入学带来了巨大麻烦。

有时候，我们会把责任归于教育体制或者老师本身。一旦出了问题，我们会怪罪老师没有考虑孩子的差异性。父母这种对内纵容对外强硬的态度，本质上是对教育责任的推诿，这会让孩子在入托或入学后，在缺乏能力培养的情况下暴露在一个陌生的环境中。如同将一只羽翼未丰的雏鹰扔下深不见底的悬崖。与改变生活环境相比，改变自身的代价显然更小，效果也会更好。

当把视角重新回归到儿童本身，我们就必须首先考虑能力的匹配问题。那么，儿童需要具备哪些能力，才能达到入托和入学的标准呢？根据发展心理学的一般能力指标，我归纳总结了6个参考标准。

➲ 入托儿童的心理能力参考标准

（1）可以理解并且运用人称代词“我”表述，比如“我想上厕所”“我饿了”；

（2）可以听懂一般指令，并且可以做出相应的社交行为，比如老师发出“把门关上”的指令，可以顺利完成；

（3）可以表达自己的需求或寻求帮助，比如在肚子不适的时候跟老师说“老师，我很难受”；

（4）对认知发展表现出强烈的意愿，比如主动阅读绘本，关注新奇的事物或大自然，对音乐和绘画感兴趣，频繁地向老师寻问“这是什么”“为什么”；

（5）乐于结交同伴，并可以跟同伴长时间进行交互式游戏，一般有效游戏时间至少维持在20分钟以上；

（6）有基本的社交认知，如不可以打人、要听长辈的话、要遵守规则等。

➲ 入学儿童的心理能力参考标准

（1）可以保持专注地听课至少半小时以上；

（2）可以理解并尊重小学课堂规则；

（3）对老师产生权威式的尊重和敬畏；

（4）可以使用多种有效的社交技能，包括介绍自己、结交朋友、维持问答和解决冲突；

（5）可以认知自己的各种情绪，并选择合理的方式表达情绪；

（6）具备与成长匹配的认知能力，如可进行 10 以内的加减法、进行复述或背诵长句、诗歌、童谣。

我们之所以用年龄对儿童是否可以入托和入学进行划分，主要是由于儿童的成长大体符合这样的规律——年龄大的儿童比年龄小的儿童更成熟。但因为总会有部分儿童在“规律之外”，因此这样的标准无论是对“发展得快一点”的儿童还是“发展得慢一点”的儿童而言，都不怎么公平。在德国等一些国家，儿童会在入学前接受测试，而家长大多也认同这种结果。值得大家注意的是，这些测试并不单单关注智力层面，更多考核的是社会能力，幸运的是，对社会能力的培养要比提升智力容易得多。

作为一名父亲，我很能理解家长望子成龙、望女成凤的心态，建议家长们在儿童适龄入托（3 周岁）前半年，适龄入学（6 周岁）前一年，就开始关注以上提及的发展目标，并对他们做针对性的教育和训练。多动型儿童往往在维系社交和遵守规则方面遇到困难，我们不能用“孩子很聪明”来自我安慰，要及时对儿童出现的问题进行干预，并通过日常生活和专项训练提升他们的相关能力。值得欣慰的是，众多研究表明，通常幼儿阶段的持续练习，将有利于儿童功能的恢复和行为模式的习得，并影响终身！

对于正值入托（或入学）年龄的儿童，若表现出较为严重的多动或冲动问题，需要在入托（或入学）前进行专业评估再做决定。对于入托儿童，可以与园所沟通进行一周到两周的试读，若幼儿园可以接纳，并且儿童的适应性尚可，建议入托。同时对儿童出现的问题采取“抓大放小”的策略，保持能力提升与鼓励认同并行，并在孩子的成长中逐步关注并有序改善其发展不佳的能力。从经验上来看，只要处理得当，大多数多动型儿童都能正常入托。

对入学阶段的儿童进行评估是比较困难的，如果条件允许，我们要尽可能与班主任提前沟通，认真听取对方的意见，切勿一意孤行，强行要求入学。我们要知道，学习不是“把孩子送到学校”就结束了，即便老师“一视同仁”，对那些需要格外关照的孩子也会力不从心。而保障这样的孩子顺利完成学业通常需要额外的关注，因此，如果在不恰当的时机强求孩子入学，这些孩子可能会出现心理和品行问题，甚至可能中断学业，影响会更加严重。

对于一年级入学后辍学的儿童，重新回到原有的幼儿园复读并不是最佳选择，这会让儿童确定自己的特殊属性。在我的临床案例中，有很多孩子都是由于这种自我否定感，而反向形成了报复性的攻击性。这导致他们在幼儿园复读阶段形成了严重的品行问题，从而让进入校园更加困难。比较好的选择是给孩子换一个学前教育机构，让孩子觉得这种变化是一种普遍选择，并不是因为自己特殊。而学前教育机构的成长设置，也会对儿童能力的发展起到良好的缓冲作用。

最后要提及的是父母的心态，孩子的成长是一段漫长的马拉松，不要过于在意起跑时的差异。我的一个幼儿园园长朋友，她就是看到了自己孩子的适应性问题，力排众议，果断让孩子晚上一年学。如今，她的孩子是学校速滑队的主力运动员，同时还担任班长和大队委。给予孩子与其能力匹配的发展环境，会让孩子的成长如虎添翼，一年的差距会在不知不觉中快速地抹去，但心理建设的差异却可影响终身。

大圣心法

小脚穿大鞋，不但跑不快，更容易摔倒。

第 26 章

该不该告诉老师孩子有多动症

到了小学阶段，孩子即将面对一个全然陌生的、更加社会化的环境，此时家长往往比孩子更加焦虑，一方面担心孩子表现不好、惹是生非，另一方面又害怕孩子受到歧视、被人欺负。这种顾虑让我们又一次把目光放在了班主任身上，希望自己的孩子得到老师的宽待与厚爱的同时，我们又担心节外生枝，毕竟家“丑”不可外扬。让孩子带着异常的标签示人，不仅对孩子的成长不利，还会让家族蒙羞。那么我们要不要跟老师说明真实情况呢？

如果你仔细阅读了认知篇，更全面地了解了多动症儿童与多动型儿童的相关知识，或许现在已经得到了部分宽慰，如果你尚未阅读，那么务必先了解第 10 章的内容。放下偏见是健康养育的先决条件，当我们不那么在意问题时，问题也就不再是“问题”了。从这个角度来说，是否告知取决于我们对孩子的接纳程度，而之后的影响，则取决于老师在了解情况之后可能做出的选择是否有利于孩子的发展。因此，我们能够对结果产生影响的做法仅限于“如何告诉老师”和“如何配合老师”。

➲ 为何最好告知老师真相

倘若你依然难以抉择，不妨想象这样的场景：你有一家超市，开业时门庭若市，感到开心的同时你也有所顾虑，因为有顾客只是不断地挑来捡去，但就是不买单，你无法判断这些人是真心想买，还是故意找碴。这个时候，你会如何对待这些人呢？通常，我们会根据经验构建一种行为常模，比如，我们发现成功购买物品的顾客会在购买前询价 3 ～ 5 次，当一个人问了 6 次还不买，我们就可以推测他是来捣乱的。但如果你了解到这个人是个慢性子，他通常会在第 8 ～ 10 次询价后才购买，你会如何对待他呢？虽然你不会因此而喜欢上或者可怜这位顾客，但是如果你想促成这笔交易，你仍会坚持以礼相待，因为你对结果有了预期。

如果你接受上面故事所阐述的道理，那么毫无疑问，告诉老师真相是正确的选择。你首先需要做的是找一个合适的时间与老师进行一次沟通。虽然老师们对多动症并不陌生，但是你依然可以根据情况向他们简单介绍多动症儿童的特点。在向老师介绍多动症的时候，要着重强调执行功能障碍方面的问题，强调孩子的绝大多数冲动、多动行为，是由于他们缺乏自我调节能力，而不是他们故意知错犯错，更不是他们要违背指令，只要给予更高水平的刺激，他们就会听话。这些高水平的刺激包括：每次叫他们时用更高的声音，频繁地积极关注他们，告知他们规则时要求他们眼神对视和重复规则等。同时我们还要表明，如果处理不好，孩子就可能会形成品行问题，反而会给班级带来更大的麻烦。这一部分叙述进行 5 分钟左右为宜，过于强调会让老师感到“被教育”和“不被信任”，进而产生反感。我们也可以通过老师的反馈了解其对这件事的看法，以及老师的专业程度。

此外，我们要向老师表明自己为解决孩子的问题一直进行着不懈的努力。例如，已经去过多个医院进行诊断，做过复杂的检查，找心理咨询机构或行为训练中心进行干预，以及自己正不断努力学习家庭教育和相关专业知识等。这可以让老师感受到家长的积极态度。如果你尚不打算用药，或者孩子的症状较轻，你一定要说明原因和自己的顾虑，尽可能获得老师的理解。

➲ 给老师提供建议

我们还可以与老师一起讨论应对孩子在校期间行为的管理方式。务必记住，我们不是在给老师提要求，而是给予他们一些专业而中肯的建议，目的是让老师可以更高效、轻松地进行教学管理。这些建议列举如下。

（1）适度放宽对孩子“专心听课”的要求，但底线是不影响别人听课；

（2）如出现学业问题，老师以课堂秩序和集体管理为主，家长会私下对学生进行学业方面的辅导，力争不给班级拖后腿；

（3）在不影响老师正常教学管理的前提下，多给孩子安排一些力所能及的任务，这会让他们感受到自己的价值感；

（4）孩子可能会忘记老师的忠告或要求，请老师找到班级里比较稳重的同学，并请这位同学与孩子结成“成长同盟”。家长会通过同盟同学了解到这些要求，并在私下多提醒孩子；

（5）如果孩子与他人发生冲突，先控制住他，让其冷静下来，之后再进行教导。

当然，并非所有老师都乐于接受你的建议，甚至有些老师会因此拒绝接收你的孩子。其实你完全没有必要因此感到难过和遗憾，因为对于这样的老师，隐瞒事实带来的后果往往更加严重。一旦遇到这样的情况，做过多的解释和恳求都无用，马上换一个学校或班级是当务之急，同时要坚信：愿意配合的老师还是大多数。

给别人礼物的时候，最好附上说明书。

第 27 章

孩子总是影响课堂秩序怎么办

当孩子进入学校，由“多动”带来的影响会进一步被放大。对他们来说，学习环境十分刻板、枯燥，让他们倍感无聊，他们开始私下寻求机会来制造乐趣。他们有时化身为班级的“警卫员”，像雷达一样随时随地发现班级里的微妙变化，并第一时间向全体播报；有时会变成“气氛大师”，哗众取宠，甚至不惜冒着被老师责罚的风险也要打破课堂的平静；有时候他们会变成课程的“督导员”，一丝不苟地点评着老师的讲课内容，他们难以忍受慢条斯理的讲述，打断、抢答、随意提问成了家常便饭。不论怎样，为了让自己的机体达到稳定和兴奋的状态，他们赋予了自己一个或多个角色，但课堂并不是话剧舞台，环境只希望他们做个安静的听众。

上述状况让家长苦不堪言，每当看到班主任发来的信息时，家长的肾上腺激素便立马飙升。从常理上来讲，课堂表现属于孩子社会生活的部分，家庭教育并不能直接对其产生影响，但我们又不得不做些什么。因此我们在实施干预前，必须清楚家庭教育的影响是有限的，单靠家长的严格要求并不能起到好的作用，改善的方法应更多集中在家庭氛围的调整以及孩子能力的提升等方面。

➲ 检验并调整家庭教育的氛围

心理动力学倾向于关注动力的变化与平衡。若孩子在家庭中受到更多的管制和约束，就容易造成能量的持续积压，因此社会生活便成为他们释放自我的舞台。我有时会把严苛的家庭环境比作孩子的监狱，尤其是那些经常犯错的孩子，家庭充当着让他们“洗心革面”的角色。原本疲惫失落的孩子，回到家中则面临着更为惨烈的指责和控制。结果则是，他们要么失落自卑，要么变本加厉。因此家庭教育中需要妥善地处理孩子压抑的情绪，增加亲子互动时光，多进行相对强烈的运动和游戏，营造幽默和欢乐的氛围，把家庭打造成温暖快乐的“阳光花房”。

不稳定的家庭氛围也会让孩子倍感焦虑，这种不稳定包括冷漠、疏离的成员关系，以及充满争吵和暴力的环境氛围。多动型儿童往往加重了教育的负担，当孩子出生以后，父母之间的矛盾更容易被再次激活，对孩子的教育方式和理念成为战斗的焦点。再加上来自成人世界中各种各样的问题所形成的压力，以及父母人格中的不稳定因素，导致这些孩子长时间处于应激状态，皮质醇的大量分泌让他们更为冲动、易怒，甚至会影响大脑的发育。

我们总是把养育孩子当成一种有别于生活和工作的特别技能，其实恰恰相反，孩子的出生是我们人格内省和完善的全新起点。当我们为了孩子的成长不得不刻意改变时，自己的人格和家庭的氛围也会随之变化。有时，改变不需要想得很明白，先努力把家庭装扮得温暖、祥和，时间久了，我们自然能在其中获益。

➲ 提升孩子的行为自控能力

我们常常把孩子的问题归结为他们“不懂”或“记不住”，但不要忘了他们很可能是“功能失调”。当刹车坏了，再高超的驾驶技术也无法避免一场车祸。当老师给我们教育压力时，我们要清楚我们所采取的方式与老师的方式间的差异，“嘱咐”“要求”“责罚”更适合老师使用，而且在通常情况下，他们执行起来比我们更有力度。因此，当这些方式都无效时，我们再重复运用也注定会失败。我们要做的应该是孩子在课堂和学校生活中得不到帮助的部分。因此，我们需要帮助孩子学会控制和管理自己的情绪，提升他们的自我控制能力，条件允许的情况下也可以寻求专业机构的帮助。

➲ 提升孩子的应对技能

我们常常忽视孩子遇到的具体困难，一味地让他们按照基本要求去行事，这并不符合他们独特的气质。就如同羊群里来了一只骆驼，你无法让它听从头羊的要求，但你也不能让它为所欲为，影响其他羊的正常生活，我们需要为骆驼构建适合它又不妨碍羊群的饲养计划。我们知道，孩子扰乱课堂秩序的真实原因是他们感到无聊，倘若让他们做一些相对有趣的、又不影响他人的事情，或许问题就简单多了。大多数多动型儿童都有很强的认知诉求和学习能力，因此我们可以跟老师沟通，可以给予他们一些“特权”，允许他们“一心二用”，比如：

（1）允许他们在课堂上看一些有意义的课外书，可以偷偷地翻阅；

（2）提前给他们布置一些与课程相关的额外任务；

（3）当他们无聊、分心的时候，只要不影响他人，不要给予特别严格的要求；

（4）让他们手持一些无声的减压小玩具。

➲ 提升孩子的学习技能

很多孩子捣乱是因为无法在课堂上获得价值感，因此一味地规范其行为只能适得其反，让他们既感到挫败又心生怨恨。我们需要帮助孩子在家里做好预习工作，并让他们带着问题和任务去听课，引导他们在学习过程中寻找乐趣。孩子放学回家后，家长要及时跟踪并密切关注这些任务，比如问他们“针对这个问题有几个人没有举手”“做应用题比平时快了多久”，等等。

同时我们还要考虑孩子的学习方式，“上课听讲”更适合听觉型儿童，而多动型儿童更容易被视觉刺激所吸引。这里我分享一些个人经验，我自己也属于典型的多动型气质，从小到大，专注听课对我来说一直是非常大的挑战。遵从规则会耗费大量的能量抑制多余的想法和行为，因此我总是在课堂上犯困，然后再努力抵制困意……严重的焦虑感反而降低了我学习的专注度和思维运算能力。在漫长的学习生涯中，我渐渐找到了适合自己的听课方式，即便现在，我也会一边听课一边画画，或者一边做题一边听课，这样既可以满足我发散的注意诉求，又能让我一直处在积极的学习状态之中。但当这种方法被推荐给孩子时，则需要以孩子拥有积极学习的内驱力为前提，并且可以得到学习环境的包容，这又进入了一个死循环，打破这个循环的依然是孩子的成绩。所以，不妨先让老师看到我们的努力和孩子成绩的提升，再去向他们提出其他建议。

➲ 运用激励和惩罚机制管理

我们可以将孩子课堂上的良好表现作为目标，将老师的反馈作为标准。在设定激励机制时需要注意对复杂和严重的问题进行细化，比如“上课不接话”和“上课不影响同学”应该是两个不同的条目，必要时要逐个击破，而不能混为一谈。在实施前期，应将干预重点放在激励上，无论孩子当下的状态有多么糟糕。激励的设置要以老师的肯定为标准，在前期可以把完成规则底线作为目标，当儿童可以稳定地执行这一标准后，取消激励，换做更高标准的目标。如：

（1）连续三天，没有在课堂上接话；

（2）连续一周，没有被罚站；

（3）连续两周，没有忘记写作业。

惩罚机制的使用前提是孩子具备遵守秩序的能力却蓄意破坏规则或我行我素。通常来讲，我们不会在一开始就进行惩罚，应该在激励机制开展后，确定儿童具备相应的行为控制能力时，再进行约束。比如，在激励机制的作用下，我们发现儿童连续一个月都没有出现扰乱课堂的行为，就可以把这项激励机制移除，放置在惩罚机制中，并适当降低标准，如一个月内出现两次扰乱课堂的行为将受到惩罚。

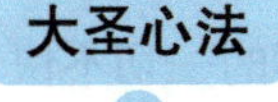

想让一只鳄鱼不伤人，最好的方式就是在表演之前喂饱它。

第 28 章

孩子被老师针对怎么办

多动型儿童常常不被他人接纳和喜爱。尤其当孩子的问题变得十分严重时，老师有偏见在所难免。面对这一问题，我们该怎么办？

➲ 对抗的结果是成长的伤疤

孩子被针对原本就让人很愤怒，对于常年忍气吞声、受人指责的多动型儿童的家长来说，这更是火上浇油。因孩子的问题而产生的自卑感常常以补偿的方式爆发，大多数家长会因此放弃理智和坚持，将注意力完全从孩子身上移开，取而代之的是开启了与老师的明争暗斗——吵架、投诉、暗访、偷拍。我们将压抑的一切不快，都转向了对教育体制的攻击。然而结果却常常令人失望：有的孩子因此而辍学，有的孩子变得更加无法无天……我从没有见过通过此方式成功让孩子回归正轨的。或许很多家长认为自己早已不求什么改变了，事到如今就“鱼死网破”吧！但我们忘了，我们既不是鱼也不是网，不论老师是否因此受到影响，真正受到影响的都是孩子，并且这会给孩子带来无法磨灭的成长创伤。

➲ 接纳让我们回归理性

接纳是现代教育中重要的环节，是人性发展进步的体现，这要求我们越是面对强烈的冲突，就越应该冷静下来。我们对他人的看法并不总是客观的，尤其当我们处在强烈的情绪之中时，评价和看法会更多地被我们的态度所左右。在前文中，我一直在引导家长接纳孩子的全部，看到他们的优势，构建适合孩子的、独特的成长方式。但我们要知道，对于老师而言，他们没有义务屈从于我们的期待进行工作。或许这样说会让有些家长感到难过，其实若把老师的态度比作社会规则，我们会期待社会规则也遵从孩子的差异化吗？

或许此刻我们又开始辩解，我们认为教育的本质就是……但现实是，一个老师要面对几十个孩子，教学资源的分配、教育方式的选择都很受限制。即便老师可以接受孩子间的差异性，他们也很难有精力去满足个性化的教育需求。最后，试问我们面对自己的孩子时，会时刻充满耐心吗？我们有多少时候会把孩子推给老人或伴侣，以使自己寻求短暂的解脱？又有多少时间让手机和电视充当监管孩子的“保姆”？我们会在一天中为数不多的时间激情饱满地陪伴在孩子左右，还是会让自己陷入网络世界来回避他们的存在？接纳不是对孩子的纵容，更不意味着懦弱，接纳可以让我们从激动中恢复理性，只有这样，我们才可以看到更多的可能性。

➲ 与孩子一起面对现实

我们常常没有意识到的是，在面对逆境时，孩子比我们更有勇气。我们的痛苦更多发生在不得不接收一些信息的那一刻，而孩子却无时无刻不暴露在令他们痛苦的环境中，可他们却常常表现得若无其事，若不是我们刻意地关注，甚至无法在孩子身上发现异常之处。相反，我们的敏感、恐惧和愤怒，会引发孩子的不安，使得问题更加严重。作为父母，面对任何教育问题都要保持冷静，我们应该向孩子澄清事件的真实性，或者更准确地说，澄清孩子眼中事件的真实性。在沟通过程中，我们要侧重于体谅、学习和赞赏，让孩子在互动中感知到被接纳、被关爱和被尊重。为了更好地为家长提供支持，以下模拟对话或许能带来一些帮助。

妈妈："听说老师又给你调座位了，是吗？"

孩子："嗯，调到第六排了。"

妈妈："又往后调了，那你还能看清楚黑板吗？"

孩子："能啊，我眼神可好了。"

妈妈："谢天谢地，你还有双好眼睛。哈哈！你喜欢新座位吗？”

孩子：“不太喜欢，我喜欢挨着毛毛，在后面我没有好朋友了。”

妈妈：“对哦，那可太糟糕了。你知道老师为什么要调座位吗？这好像是这学期第三次调座位了。”

孩子：“老师说我表现不好，总说话，影响毛毛。”

妈妈：“啊？这样啊！那你觉得老师说得对吗？”

孩子：“嗯，但是有时候是毛毛找我说话的，老师也赖我！”

妈妈：“老师好像对你有偏见。”

孩子：“嗯，他不喜欢我，总是说我。”

妈妈：“好可怜啊。但是你现在开始要珍惜了，因为如果再调座位，你就被调出教室了！哈哈！你们班一共就六排吧。”

孩子：“调就调呗，有什么大不了。”

妈妈：“我看到了你的委屈……你并不想这样，但是没办法是吗？”

孩子：“是啊……我能有什么办法！”

妈妈：“我觉得既然老师把你调到后排，也可以把你调到前排，因为跟你换位置的同学本来也在后排。所以，如果我们能够发生一点改变，那么就有机会再调整回来，你说是吗？”

孩子：“嗯……可是……”

妈妈：“我们一起想想，老师喜欢哪些孩子、哪些行为，这些孩子和行为是如何被老师关注的，如果我们也能掌握这些技巧，或许就能获得老师的喜爱。”

➲ 始终保持对老师的信任

老师是儿童社会生活的主导元素，是孩子教育发展重要的联盟者。我们应该像前文中所述的一样，真诚地跟老师沟通孩子的状况或问题，并对老师的做法表示理解和信任。很多家长可能觉得，难道老师错误的做法也要信任吗？

其实绝大多数老师都能秉承为人师表和教书育人的职业操守。我们的愤怒往往基于自己的孩子没有得到偏爱而不是受到了“正常对待”。我们有没有想过：一个班里有那么多学生，为什么我们的孩子被针对了？其实老师的很多教育选择也是出于无奈，因此我们的理解和信任有助于老师获得情感上的宽慰，并引发其对孩子持续的关注。当与老师建立了教育联盟后，我们还要适度表达期待，以前文的模拟对话为例，在与孩子沟通后，我们要把过程和结果及时反馈给老师，让老师知道我们的努力，以及对孩子行为转变的期待。引导老师关注孩子日后课堂表现中的变化，并建立更有效的、一致性的强化机制。

还记得我女儿读一年级的时候，因为上课分心和做题马虎而被老师批评。回家后我与女儿进行了深入的沟通，并将结果反馈给老师，在表达了对老师做法的认同后，与老师达成了一致的干预目标：由老师告诉孩子，若期末考试达到既定目标就给予她奖励。最后她真的完成了目标！也从中获得了荣誉感和自我认同感，更重要的是，这增加了老师对孩子的好感和对我们家庭配合的信任。

➲ 有针对性地提升能力

当孩子被环境孤立时，最容易引发心理问题。若此问题已经出现，应首先及时求助于儿童心理咨询师或心理医生，进行全面的心理发育评估和系统干预。心理问题往往会使行为问题加重，所以应先从心理问题入手，干预应按照评估创伤、疏导情绪、建立信心、提供方法的顺序进行。情绪管理和专注力训练可略晚进行或与心理干预同步进行，以便更好地提升儿童的综合性执行功能。

大圣心法

如果注定要生活在地狱，那么就先练就铮铮铁骨吧。

第 29 章

孩子被同学排挤怎么办

多动型儿童并不讨厌社交，相反，猎人的基因使得他们更期待与伙伴们共同协作，他们的勇敢和担当品质也更容易在社交协作过程中得以彰显，但这也给他们的社交带来一定的问题。

➲ 导致社交问题的三大原因

社交方式

这类儿童处理问题的方式通常过于简单直接，争强好胜的性格让他们常常不给他人留情面，在互动中更容易发生肢体接触。而这些行为常常被定义为“侵犯”或“攻击”等品行问题。他们很少记仇，缺乏总结经验的能力，这让他们总是忽视对方的感受和判断，在不断发生的摩擦中仇恨越积累越多，直到众叛亲离，友谊的小船支离破碎，他们还全然不知，可能只知道自己犯了错，却不知道自己到底做错了什么。

环境认同

冒失的性格显然不受欢迎，多动型儿童身上的“英雄气概”更容易被认为“鲁莽”和“没教养”。而他们越是被否定就越是容易感到紧张，这让他们犯错的频率也越来越高，当被环境冠以“淘气鬼”“小恶霸”的恶名后，同学们便也随声附和了。如果再考虑到学业方面的表现不佳，他们更显得一无是处了，只能通过讨巧、耍宝、破坏规则甚至使用暴力来获得“自我价值感”。

社交能力

若一个人不爱花，把花全部推倒再种上果树倒也无妨。但对于这些天生乐群的孩子而言，被孤立、嘲笑、边缘化会让他们极为痛苦。虽然他们看上去无忧无虑、我行我素，可事实上他们比一般儿童更加敏感。如果你的孩子已经明显地出现了以上问题，毫无疑问，必须及时给予他们帮助。

➲ 如何改善社交关系

树立自我信心

树立信心成为寻求改善的首要任务。在对外的场合中，我们通常难以直接干预，能对孩子产生影响的情境，一般是亲子互动，这通常发生在家里。在家庭生活中，我们要养成关注儿童积极品质的习惯，表现出对他们的社交生活感兴趣。在交流时，不要用责问的语气，更不要动不动就让孩子找自己的原因，这样的互动不仅起不到积极的作用，还会适得其反。

不过，想让孩子定期如实地跟我们讲述那些糟糕的社交体验，并不是件容易的事。所有人都会本能地回避回忆糟糕的体验，因为想起不开心的事会让我们重拾痛苦的感受。多动型儿童很敏感，所以他们很难从当下的情境中抽离，跟随我们的期待去回忆和提取过往的信息。因此，与他们谈话需要找到合适的契机，一般当冲突或问题出现的时候，或者儿童情绪相对稳定的时候，发起相关话题的效果要好得多。在谈话中，我们的关注点应放在理解孩子的感受上，即便我们什么都不做，也能让孩子有一个倾诉的机会，这有利于恢复他们的自我功能并疗愈创伤。在谈话过程中，我们也可以给予一点建议，但是这些建议要具备充分的可行性，同时是“建议”而不是“要求”，目的是引发孩子对如何应对类似问题进行思考。有了这样的沟通后，我们就可以密切关注该类问题的发展了，不断地倾听、理解、建议和总结，直到孩子树立社交信心。

制造社交机会

我们必须清楚，这类孩子确实缺乏行之有效的社交技能，但是我们不仅不确定他们欠缺哪方面的社交技能，更不确定他们是如何运用我们给予的那些教导和指引的。最好的教育需要抓住“即时性”，因此，我们可以主动邀请孩子的小伙伴来家中做客，在可控的环境中，观察他们的游戏和社交模式，并在发生冲突时及时给予指导。这既缓和了孩子与同伴的关系，又可以帮他们认识到自身的问题。当然，问题不会像我们说的那么容易解决，永远不要期待一次就能把问题解决，我们需要一次又一次耐心而坚定地提醒、建议和帮助孩子。最后要注意的是，一次不要解决太多问题，抓大放小，重复多次，让孩子慢慢地发生改变。

提升共情能力

孩子缺乏同理心也是影响社交的原因之一。在亲子活动中，我们要注意引导儿童体谅他人的感受，这在心理学上被称为共情能力。我们说过，多动型儿童大多都单纯善良，他们对感受的变化很敏感，只是缺乏处理这些情感的能力，所以他们需要我们有意识地将这些感受明确表现或表达出来。但在与他们的互动中，我们更多表达的是愤怒和失望。社会文化让我们学会了克制自己的情绪，这种模式转而又影响了我们对他人情感的理解。所以，我们需要从自身入手，从习惯表达那些强烈的感受开始，比如“你不要跟我说话，我现在很愤怒”“你很难理解我现在有多开心”……再慢慢地表达细腻的情感。请大家相信我，只要你习惯如此，便会慢慢地感知到这种方式给我们带来的益处。

重塑社交角色

想改变孩子的社交角色，除了帮助他们学习那些情商训练所关注的社交技巧以外，更重要的是他们要在群体中重新定位自己，找到自己独特的社会价值和能力所在，而不是成为“全能超人”。因此，我们需要再次回到多动型儿童的气质上，他们的气质优势在哪里？勇敢、果断、豪爽、机敏、热心、善良。

在鼓励和强化时，我们还需要注意不要泛泛地夸赞孩子的人格或特点，而是多关注孩子的具体行为，比如“我看到你冒着雨给大家送水，真的太了不起了”要比“你真是太棒了，你做得太好了”好得多。另外，我们还要学会有意识地引导孩子关注自身的良好行为，多讨论积极的方面，让他们明白：即便他们在某些方面做得不够好，但在其他方面比别人好很多。我并不总是认同“不跟别人比较”的观念，很多时候这反而会让孩子困在自己的世界里无法自拔。我们要鼓励孩子扬长避短，用自己的智慧和勇气帮助他人、造福集体，在积极经验中重塑自尊。

自信，需要来自社会层面的赞许。

第 30 章

孩子迷恋手机游戏怎么办

这是大多数孩子都会面临的一个问题，但有数据表明，多动症确实更容易引发儿童相关的成瘾症状。巴克利博士曾做过一个实验，让患有多动症的儿童接触网络游戏，结果 100% 的儿童都表现出强烈的成瘾或依赖，这意味着，多动症儿童几乎无法抗拒网络或手机。其实不仅仅是手机或网络成瘾，在过度吸烟、酗酒、药物乱用甚至吸毒的群体中，多动症患者的占比也较一般人群大。

➲ 为何多动型儿童更容易成瘾

首先，手机游戏通过高频变化的刺激和精心的犒赏设计，更能激发起人体的神经兴奋性，所以我们常常发现，那些严重的多动症儿童在玩手机或看电视时，可以表现得极为专心，家长们也常常以此驳斥自己的孩子患有多动症的事实。

其次，儿童在手机游戏中获得了难得的自我价值感。由于感官比较敏锐，多动型儿童往往在游戏中表现得更好，他们果敢勇猛的特质和百折不屈的精神也更符合游戏对玩家的期待。这俨然让那些在生活中步步受困的孩子找到了天堂，所以每当我们试图剥夺他们使用手机时，他们便会惊恐万分，那感觉就像要夺走他们的灵魂。

最后，很多家长往往被这些“永动机”一般的孩子搞得苦不堪言、疲惫不堪，手机早已成为他们生活中唯一有力的“帮手”。虽然没有家长会承认这点，但事实上谁又不想在下班后安静地享受片刻的休闲时光呢？所以，只要孩子能安静一会，只要不出什么大是大非的问题，家长们也就睁一只眼闭一只眼了。

➲ 家庭改造方案

像解决其他问题一样，我们应该以家庭教育为本，制定全面而系统的家庭改造方案，具体方式如下。

营造有趣且富有挑战的生活

北京大学第六医院儿童门诊主任医师郭延庆教授曾说：“我发现多动症儿童可以专注地看动画片，如果我们在教学中表现得像动画片中的人物一样夸张和有趣，那么他们可能就不厌学了！”其实不仅是对于这些好动的孩子，充满乐趣和挑战的生活对任何孩子的成长都同样重要。道理大家都懂，想做到并不容易。作为一个被家长和孩子普遍承认的“有趣的”人，根据我的经验，在这里为大家提供一些基本原则和方法供大家参考。

- ✧ 做一个有趣的人，无论是对待孩子还是生活，我们都应该乐观和释然，如果能再多一些幽默和调侃就更好了。如果你压根就不是一个幽默的人，那么生活中可以多看一些有趣的节目，让家人始终处于快乐的氛围中。
- ✧ 选择丰富的日常活动，并制订计划。日常活动包括玩球、散步、枕头大战、乐高、益智桌游等，当然也可以选择更专业的游戏方案，我在本书的训练篇中为大家提供了 24 种训练游戏。户外运动同样必不可少且多多益善，一般有徒步、爬山等，需要注意的是这些活动都应该是孩子喜欢做的，而不会成为孩子的压力。
- ✧ 制订每日挑战计划，并结合激励机制给予奖励。这种挑战应该是既有趣、又有益的，需要亲子双方参与，不要过于在乎输赢，重要的是营造一种有趣的氛围。表 30.1 是为小学生制订的每日挑战计划，供大家参考。

表 30.1　每日挑战计划示例

每日挑战项目清单（周）						
星期一	星期二	星期三	星期四	星期五	星期六	星期日
晚上 7：30～8：00 保持安静	讲述一个父母没听过的故事	写完作业后，保持头顶着洗脸盆直到洗漱入睡	谈话中，每当听到对方说“天”字，就站起来鼓掌	晚上 8：00 开始，无论做什么都要保持站立直到入睡	寻找 3 次机会，逗笑对方	成功帮助父母完成一项有挑战的任务

规范使用手机

家庭氛围的改变是改善儿童行为问题的根本，但却是缓慢的和间接的。面对已经趋于严重的问题，我们还需要直接面对症结，并使用有序而坚定的策略。

家长的自我控制

上行下效的原则在负面行为上表现得尤为突出。家长成为“低头党”[①]已经成为一种普遍现象，但倘若成年人都无法克制自己，又如何管束孩子呢？况且，这不仅仅是原则的问题，我们在克制使用手机的过程中，会深刻体会到戒瘾过程的心理感受，并且我们积累的经验还可以直接用在孩子身上。如果能坦诚地向孩子表明自己的态度，与他们一起执行改变计划，那么效果一定会更好。

① 指通过低头看手机把闲暇时间填满的人。

设定“原始时间”

每天把睡前 30 ～ 60 分钟设定为“无机无网”的原始时间。在这段时间里，所有人都禁止使用任何现代化的电子设备（特别重要的通话除外）。对于那些工作随机性强的家长来说，执行起来可能会比较困难，因此可以增加特别条款，如与工作和学习等相关的事宜除外。我相信大家在读到这里的时候，心中一定在想它的可行性，比如时间会不会太久？会不会有意外发生？这种想法源于我们“不忍割舍”的防御机制。其实，对于绝大多数人来讲，每天完全可以预留 1 个小时的时间。如果可以按照我们制订的计划来做——陪伴孩子、玩游戏，执行挑战任务——1 个小时很快就过去了。

规范手机管理

对于已经对手机产生依赖或成瘾的儿童，突然决绝地剥夺手机并不是不可以，但会有很多风险。我们把手机游戏比作孩子的“天堂”，因此想要让孩子脱离手机，就必须努力为孩子重新打造一个更真实的“天堂”。但“打造”需要时间，“接受”和“适应”更需要时间。如果用严谨的成瘾症状来定义儿童的行为，就必须要考虑戒断产生的一系列心理和生理问题，就像戒毒、戒烟一样，戒网瘾也会伴随着短期的强烈不适，如果没有专业的干预，很有可能会引发健康或心理问题。

比较安全的方式是妥善管理孩子使用手机的方式和时间。在这之前，无论如何都要再次获得教育的主动权，必须把孩子的手机收回到自己的手里。孩子可以使用手机，但必须经由家长之手，使用过后，再次交由家长保管。年纪大的儿童可能会有诸多抱怨，我们也可能会不愿面对频繁沟通造成的冲突，但请相信我，这样做十分必要。

我们都有把手机放在身边的习惯，一旦手机不在身边就会感觉到慌乱不安，但其实我们都知道，一般不会有什么重要的事情发生。手机可以满足我们的即刻满足需要，而这种满足影响了我们的抑制功能的发展，这正是多动型儿童的不足之处。所以，无论是成年人还是儿童，把手机放在一个固定的、远离自己的位置，都有助于我们有效脱离对手机的依赖。

对儿童使用手机的时间也要进一步规范，正常来说，周一到周五每天使用手机的时间不应该超过 30 分钟，周六、周日（或周五晚上）可以适度使用，一般每天不超过 2 个小时。但这是对一般儿童的要求，对于已经成瘾的儿童来说，这远远不够。为此，我建议给他们提供两个方案供他们选择。

方案一：周一到周五每天 30 分钟，周六、周日每天 1 小时

方案二：周一到周五不使用手机，周六、周日每天 2 个小时

可能你会质疑“方案二”，但它却是更好的选择。因为 5 天的强抑制可以更好地构建儿童新的行为模式。儿童并非像吃饭一样必须玩游戏，他们只是习惯了。所以当他们不再习惯，问题就会迎刃而解。

最后，我们必须清楚地认识到，现代人的生活不能没有手机，让孩子生活在没有手机的世界里，不仅是一种妄想，而且也未必真的有利于他们的成长。真正对孩子产生伤害的并不是手机，而是孤独、否定、误解和丧失希望。

大圣心法

改变习惯，最有效的方式是建立新的习惯。

第 31 章

孩子写作业困难怎么办

不爱写作业并不是多动型儿童独有的特点，几乎没有孩子天生就爱做作业。但是由于多动型儿童的气质或功能特点，使得我们在督促和改变他们时会遇到更大的挑战，因此对他们的指导方式也略有差异，需要综合考虑很多影响因素。

➲ 学习困难与学习障碍

每当孩子出现学习困难、学业表现不好等状况时，我们便会担心他们是否患有某种障碍，而“学习障碍”的名称更容易让我们望文生义。像注意缺陷/多动障碍一样，学习障碍也是由儿童相关功能发展不良造成的，从狭义来看，这一问题直接表现为在相关课业学习中的困难，比如，患阅读障碍的孩子，识别和表达文字比较困难；患书写障碍的孩子，无法把记忆中的文字准确地书写出来。而从广义或本质层面来看，这些孩子存在着主导认知功能的部分脑区的发展异常。因此对于这样的孩子，常规的干预方式可能不起作用，比如“哪里不会补哪里”的逻辑就很难行得通，反复的挫败感会让孩子产生更强烈的自我否定，最终对学习产生厌倦和排斥。

有研究表明，18% ～ 60% 的多动症儿童同时被诊断患有学习障碍，但学习障碍与多动症之间仅仅表现为现象上的趋同，两者的本质是不同的。我们知道，无论是多动症儿童还是多动型儿童，他们的认知功能通常是没有问题的，甚至相当一部分孩子在智力活动中表现得更为优异。因此，我们不应该随意给孩子贴上“学习障碍”的标签。影响学习的因素不仅仅是天资，更多源自行为模式和心理状态。对于多动型儿童出现的学业问题，我们需要结合功能问题和心理问题两个方面入手。

➲ 保持良好的学习姿态

每当好动的孩子写作业时，你就会发现他们的躯体似乎被操控，仿佛随时都会把自己“打个结儿”或者从椅子上掉下来。针对这一问题，不同的分析视角给予了我们不同的干预选择。

（1）上身直立——当我们保持上身直立的时候，大脑通常会突然变得清醒，并且注意力也变得集中。这是因为适当的肌肉紧张可以使中枢神经保持兴奋，同时脊柱周围肌肉力量的增强可以使手臂的活动更自如。

（2）变换坐姿——由于写作业会消耗大量的能量，因此需要额外的刺激来激活大脑的兴奋性。每隔一段时间就变换坐姿是一个巧妙的方法，我们可以给孩子制作一个楔形（斜坡）的坐垫，这样他们的上身就会自然前倾，他们可能会因此晃动上身，这时我们无须过度干预。在完成一项任务或发现儿童的专注力有所下降后，我们便可以移除坐垫以改变姿势，从而保持对儿童大脑前庭的刺激。

（3）使用瑜伽球——与改变坐姿的道理一样，一些研究表明，儿童坐在大型瑜伽球上时可以更高效地完成作业。不断变化的姿势可以使大脑时刻保持警觉。当然，对于一般儿童而言，这很可能使他们分心，但是对于这些精力旺盛的多动型儿童来说，消耗掉多余的能量才能让他们更好地专注在课业上。

➲ 设定合理的作业标准

我们应该认识到，“完成作业”是一个非常模糊的目标。当我们谈及此目标时，心中已经给予它更多的标准，比如专心致志、不要马虎、全部准确、不要抄袭、保持效率、字迹工整、触类旁通……但对孩子来说，完成就只是“完成”，他们确实具备“完成”的能力，但是他们却无法达到我们的要求，而真正让他们感到畏难的或许不是“完成”，而是我们的要求。因此，我们要根据孩子的能力重新规范标准，其基本策略是“抓大放小”，底线是“不让孩子讨厌”。根据这样的原则，我们需要将具体目标根据权重大小重新梳理出来，如：

全部完成 > 高效完成 > 保持正确率 > 专心致志 > 不要抄袭 > 触类旁通 > 字迹工整。

当然，每个家庭都会有符合自己期待的权重，你可以重新制定符合自己期待并遵从孩子能力水平的目标。在一段时间内只关注当前目标，并适度提出下一个阶段的期待，把实现当前目标作为最低要求，把完成后一个或几个目标作为获得奖励的标准。只要孩子妥善完成当前目标就给予赞赏，只要能坚持执行下去，孩子对写作业的态度很快就会发生转变。

➲ 灵活调整作业时间和休息时间

多动型儿童总是会给我们一种“他们不累”的假象。其实当我们用“精力”或“能量”来描述个体的时候，是从外显性特征出发的，但是说“神经兴奋”时，描述的则是大脑内在工作的本质。当大脑感到疲惫时，多动型儿童的行为和情绪更容易不稳定，他们需要更多的刺激才能激活大脑，如同成年人疲惫时会喝咖啡一样，只不过我们更多地表现为躯体倦怠。基于此，我们需要知道上了一天课的孩子非常需要放松，因此对这些孩子来说，放学后马上写作业并不是一个明智的决定。我们可以让孩子放学后先自由活动一会，内容以户外运动为主。如果家庭文化或环境不支持，可以在写作业前做拍球或跳绳训练，辅助健脑操或瑜伽。

对于专注力较差的儿童，我们要帮助他们把作业划分成若干任务，任务可以以时间为标准，也可以以项目为标准，一般 10 ～ 20 分钟一个单元，完成后获得 5 分钟左右的休息，休息时间可以吃零食、玩玩具或随意走动。但多数儿童在休息后很难重新回归到作业之中，不仅拉长了整体写作业的时间，还容易让他们感到乏味和畏惧。因此，我们需要根据实际情况灵活调整作业时间和休息时间。另外，我们要密切关注儿童的工作效能，当遇到难题时，不要逼迫孩子浪费过多的时间思考，遇到孩子马虎和犯错时，也不要立刻指正。确保儿童优先高效地完成在其能力范围内的部分，并给予赞赏，必要时可结合奖惩机制。

大圣心法

讨厌，是因为我们想要的太多；贪婪，常常一无所获。

第 32 章

如何给孩子选择兴趣班

整日面对顽皮好动的孩子让家长们疲惫不堪，我们自然希望通过一些活动和训练让他们安静下来，并培养他们的注意力。所以，我们经常听说这些孩子在上钢琴、围棋、书法、绘画等需要高度专注的兴趣班，只是这大多是家长的一厢情愿，最终“兴趣班”变成了“硬去班”。

对于多动型儿童来说，那些需要更高控制水平的活动会让他们倍感挫败。当这种挫败感转化为压力，压力又转化为消极情绪时，不良的和失控的行为便应运而生。选择兴趣班的首要目标应该是先让这类孩子的大脑兴奋起来！只有大脑兴奋了，他们的潜能才有可能被激活。

➲ 体育活动的选择

在各类体育项目中，球类运动应是多动型儿童的首选项目。你可能很难相信，很多杰出的球星都是多动症患者，他们敏捷的反应、超乎寻常的运动能力、较强的抗挫败能力，都有利于他们勇往直前、脱颖而出。更重要的是他们可以在运动中不断收获快乐，这能让他们可以长久地在运动中保持理智和专注。即便我们可能无心把孩子培养成为一名职业运动员，但在运动中收获的成就与自信，有助于他们更好地应对生活中的压力、否定和误解。

有些学者认为，多动症儿童不应参与规则类或竞技类体育活动，其道理在于多动症儿童可能无法克制自己适应那些规则，从而在竞技中持续体验到挫败感。因此，孩子的能力匹配度也是我们需要考虑的。早期选择这类兴趣班时，应倾向于对儿童兴趣的培养和让他们感受运动的趣味，等儿童产生了浓郁的兴趣，并习得了基本的规则后，再接触相对专业的训练。

除了球类运动外，飞盘、游泳、登山等也是不错的选择。但我并不赞同多动型儿童学习跆拳道、武术等课程，这种肢体竞技类活动会增加他们的攻击性，同时相对枯燥的训练也起不到激发兴趣的作用。

➲ 艺术课程的选择

艺术类项目中，推荐选择街舞、戏剧、打击乐等表演性较强的科目。多动型儿童往往更愿意表达和表现自己，音乐和艺术可以激发他们内在的表演天赋，把他们在日常生活中被限制的消极驱力转移到积极的、可被赏识和认可的方向上来。

正如前文所述，我不建议低龄多动型儿童参加绘画和书法类课程。虽然很多家长仍会以“孩子字迹不好影响学业”为由而坚持，但从我个人的经历来看，过早地进行书画训练对他们的影响微乎其微。我们可以等孩子 10 岁以后，情绪控制能力发展稳定时，再让他们对这些内容进行练习。

室内课程的选择

室内课程建议选择乐高、沙盘、科学等具有创造性且有一定自由性的课程。多动型儿童通常具备较好的发散性思维，但其想象往往过于天马行空，这源自他们不稳定的专注力。所以，不要轻易被那些创意类课程老师的美言蛊惑，相反，我们更应关注于培养孩子的创造力和思维稳定性的课程。比如，乐高玩具的创造过程需要利用发散性思维将分散的零件组合成一个物品，而不让思维乱飘；在沙盘游戏中，孩子除了创造，还需要有意识地将这些想法整合到一起；STEAM[①] 类创意科学课程，除了锻炼孩子的思维，让他们了解科学原理，还提升了他们的动手能力。你会发现，除非孩子的注意

① 是五个领域的英文缩写，分别代表：科学（Science），技术（Technology），工程（Engineering），艺术（Art），数学（Mathematics）。

力障碍特别严重，否则这些趣味性很强的课程都可以提升他们专注力。相对而言，不推荐竞技性棋类课程。

➲ 功能课程的选择

对于渴望系统地改善孩子问题的家长，可以寻求专业机构的帮助，但专门针对多动症的机构并不好找。相反，专注力训练和心理咨询类机构很多，这些机构可以在一定程度上缓解症状，但能否真的起到治疗或改善的作用，还需要进一步了解课程形式和机理。

情商类课程也颇受家长关注，孩子们可以从中学习到情绪管理相关的技巧，但是对于严重的多动症儿童来说，由于这类课程缺乏功能改善的指向性，因此效果并不理想。最新的研究表明，正念和瑜伽有助于改善多动问题，但并不意味着所有的正念或瑜伽都能解决孩子的问题，需要寻找有经验的机构。如果你仍无法确定，或者选择空间有限，可以先尝试 1 个月的课程，再根据课程效果来做决定。

大圣心法

你可以斩断鸟儿的羽翼，却无法使它们放弃对飞翔的向往。

第 33 章

孩子总是打架、欺负别人怎么办

有些家长反映，他们的孩子从小就比较霸道，做事情只顾自己开心，丝毫不在意他人的感受，他们似乎缺乏同理心，甚至会通过残害小动物取乐，经常搞恶作剧整蛊家人和朋友，似乎别人的痛苦和尴尬是他们快乐的源泉。从很小的时候开始，他们就与小伙伴们冲突不断，长大一点就演化成拳脚相向，刚刚步入小学中年级，就已经成了班级的问题儿童，让家长和老师非常头疼。此时，我们切勿草率地将这类问题归为“顽皮”或“多动”，必须高度重视起来。

品行障碍

首先我们必须评估孩子的行为是否到了确诊为品行障碍的程度。品行障碍特指个体频繁出现破坏社会规则和伤害他人的行为问题，这类问题出现在一般群体的比例为 1.45% ～ 7.35%，而相关研究表明，68% 的品行障碍患儿同时被诊断为多动症，说明多动症和品行障碍“共病”的概率是非常大的。对于程度较轻的品行问题，通过持续的规则约束和道德教育就会有所改善，而严重的品行问题则比较棘手。

➲ 爱动的孩子为什么爱打架

首先，爱动的孩子往往会将关注点放在新鲜、惊奇的事物或变化中，这有利于身体分泌多巴胺，刺激大脑的神经兴奋性。与制造积极的成就性变化相比，实施暴力和破坏对这类孩子来说要容易得多。或许他们并非天生缺乏同理心，只不过他们会因他人出现窘态和落魄的变化而感到兴奋。

其次，由于爱动的孩子的行为抑制性较差，导致他们的行为更容易被情绪支配，加上他们通常行动敏捷、反应机敏，所以发生冲突的机会就更多。在早期，这种行为大体以自我保护为主，是一种情绪性的反应，但若儿童在此过程中存在继发性获益，比如，因冲动攻击而获得好处，这一行为模式便会被强化。另外，若儿童因冲动攻击而受到体罚，除了会增加儿童对外部环境的仇视外，还会让他们习得处理愤怒的不良方法。

最后，从功能满足的视角来看，这类孩子原本只是单纯地喜欢疯闹，这种过激的运动或游戏有助于唤醒他们消沉的大脑，满足他们的功能诉求。他们通常并不觉得这是针锋相对的战斗，或是冒失出格的行为，而认为是对方无法匹配这种程度的游戏，才会感到被侵犯。

➲ 学龄前儿童的教养建议

当然，无论是哪种情况，我们都要相信，越早地发现和干预，就能越好地搭建良好行为的神经通路，从而改变孩子的行为表现。以下建议适用于对学龄前儿童的日常教育调整。

（1）坚持陪伴儿童进行社交、情绪管理类绘本的亲子阅读，如果他们觉得无聊，那么就把故事读得有趣一些。

（2）在与儿童进行互动游戏时，注意表达自己的感情，同时在儿童实施不当侵犯行为时，用游戏的方式让儿童知道后果。

（3）不要纵容儿童的任何暴力侵犯行为，当儿童触碰规则的界限后，实施非暴力性惩罚。惩罚的下限是要让儿童感到难过，上限是不要让儿童自我否定。

（4）最后不要忘了，把更多的精力放在爱与温暖的关系建立上，让一个恶魔变成天使绝不是源于更大恶魔的恐吓，而是让他们习惯于看到天使。

➲ 大龄儿童的教养建议

（1）首先要识别不当行为是情绪性的还是工具性的。所谓情绪性的攻击行为，源于情绪引发的本能反应，孩子只是因感受到了威胁而做出了自我保护和防御的行为，并非他们刻意针对某人实施伤害。工具性的攻击行为则是蓄意进行的攻击行为，目的是谋求自身的利益，或者单纯因受害者的痛苦而感到兴奋和满足。

（2）多动型儿童的大多数攻击行为，都涉及情绪性原因。因此我们要教导他们识别情绪和抑制情绪的方式，针对这部分训练，除了家庭教育环境的调整之外，有时还要考虑请专业人员进行更有针对性的强化训练和心理疏导。

（3）我们可以通过情景模拟来提升儿童解决问题的能力和同理心。当问题出现后，不要偏执于讲解道理，更不要过多地训斥，我们要学会通过角色扮演的方式，来协助儿童体会对威胁的感知，以及了解不同的行为反应会引发怎样不同的结果。

（4）当儿童屡教不改，并且难以通过一般说教和行为后果来引发他们的关注时，我们还要学会通过设置家规来约束儿童，对触犯的靶向问题要进行适度惩罚。

（5）当问题发生后，除了进行批评教育，还要让儿童感知并承担自然后果。比如，我们可以陪儿童一起向被侵犯一方赔礼道歉，获得对方的谅解。若产生相关费用，可在儿童的零用钱中扣除。

（6）有时候儿童的道歉和认错完全是出于无奈和被迫，他们的“真诚”只是演给我们看而已，他们甚至会变本加厉地实施报复。因此，除了惩罚和约束，我们更要学会引导他们建立积极的人际关系，比如，我们可以邀请受侵犯的儿童到家里做客，或进行家庭联谊活动，促进他们彼此了解和加深情感沟通。

（7）除此之外，最重要的是我们要及时反省并改善家庭教育中存在的问题。倘若问题十分严重，还需要寻求心理医生或心理咨询师的帮助。

大圣心法

人类之所以能成为万物之主，绝不是因为更有攻击性。

第 34 章

孩子总是丢三落四怎么办

丢三落四、不求甚解是多动型儿童的生活常态，他们做事总是朝三暮四、丢东忘西，比如，上学时不是忘记带尺子，就是忘了带课本，放学后不是忘记拿水壶，就是忘了写作业……他们对于家长和老师的叮咛充耳不闻，对于老师布置的任务也总是很快置于脑后。纵然我们知道他们的气质特点，但这不能作为犯错的借口。其实，这些问题通过教育方式的改善同样可以收获良好的效果。

➲ 建立稳定的生活秩序

由于容易分心，这类孩子更需要一个不需要过多思考的、稳定的生活节律。这种生活方式或许并不被一些家庭所接纳，但为了孩子能更好地成长，这种生活方式势在必行，更重要的是这种改变往往让家庭中的每个成员都受益匪浅。以下（见表 34.1）是对小学阶段儿童制定的生活节律范本，供大家参考。

表 34.1　小学生生活节律范本

小学生生活节律表	
早上 6：00 ～ 6：20	起床洗漱，期间可持续播放新闻或认知性故事专栏
早上 6：20 ～ 6：30	早餐，期间可持续播放新闻或认知性故事专栏
早上 6：30 ～ 6：40	查看上学备品清单
早上 6：40 ～ 7：20	入校，同时收听英文或有声书
晚上 5：30 ～ 6：30	自由活动时间，可由父母一方陪伴游戏
晚上 5：30 ～ 7：00	晚餐时间
晚上 7：00 ～ 8：30	检查作业、完善作业，若提前，可作为自由时间奖励
晚上 8：30 ～ 9：00	特长兴趣训练时间，如弹琴、绘画、体能训练等
晚上 9：00 ～ 9：10	整理次日上学的物品
晚上 9：10 ～ 9：30	洗漱，整理房间
晚上 9：30 ～ 10：00	睡前读书和入睡

在执行时，我们需要将关注点放在任务的起始时间，每一项任务的真实完成时间都应留有余富，当孩子提前完成时，剩余时间可自由支配，努力塑造一种既规范、又不让孩子感到压抑和约束的生活氛围。

➲ 提升孩子的自我管理能力

自我管理能力不是天生就拥有的，更不是通过规则、告诫、恐吓就能立即实现的，对于多动型儿童尤为如此。我们要遵循“外部规则——协助督导——监管提醒”三个阶段，有条不紊地进行塑造，具体如下。

（1）外部规则——我们希望孩子能在哪些领域自我管理，就设置哪些外部规则，比如，我们前文提及的作息时间表，以及我们对孩子行为管理的期待部分（如衣服领子翻开、扣子系整齐、检查书包等）。但这一阶段需要我们来管理和要求孩子，就如质检人员一样，不带情感、期待和偏见地完成。这一阶段还需要我们不断地强化要求和规则，以便让孩子在耳濡目染中习得这些要求。

（2）协助督导——在这一阶段，我们在名义上开始把管理权交由儿童，但实际上孩子的行为仍需要我们不断地督促。这一阶段非常考验我们心态，既要保持对孩子的信任，又要充分接受他们不断犯错的现实。在这一阶段，我们不会设置标准和惩罚机制，而是更多关注成功的部分，多使用言语鼓励。

（3）监管提醒——在这一阶段开始前，要明确向儿童重申他们需要自我管理的内容，并引入奖惩机制。我们需要将所有的管理内容清晰地呈现出来（见表 34.2），将最简单的几项放置在“规则部分”，并纳入惩罚机制，其他部分根据难度依次放置在“奖励部分”，并纳入激励机制。当儿童可以稳定地完成“规则部分”的内容，并且频繁地完成“奖励部分”的内容时，再将“奖励部分”作为“规则部分”，然后设置新的“奖励部分”。表 34.2 可作为参考。

表 34.2　自我管理奖惩表

自我管理奖惩表			
规则部分		奖励部分	
内容	惩罚积分	内容	激励积分
将鞋子摆放整齐再进屋	☆	把脏衣服放到脏衣篮	☆
在规范时间内起床洗漱	☆	上学前衣着整齐干净	☆
准时上床	☆☆	记清老师布置的作业	☆
备品清单无误	☆	按时完成所有作业	☆☆

➲ 选择成长帮手

对于一些问题比较严重的孩子，我们还需要协助他们找到志趣相投、个性互补的玩伴。孩子的早期择友存在着随机性和盲从性，由于他们的性格还没定型，对环境的依赖性强。因此，我们可以先充分了解孩子的同学的相关信息，积极主动地与他们建立联系，邀请他们到家中做客。若无法触及这些信息，也可以向老师寻求帮助，但切忌发展成为那种形式上的“一帮一”，这不仅会让孩子产生自卑感，还容易引发敌对。在选择好成长帮手以后，我们可以请这个伙伴及时督促孩子完成作业和任务，辅助整理作业记录本等。同时不要忘了帮助孩子在人际关系中塑造自己的积极人格并影响对方，从而形成相互帮助、协同成长的局面。

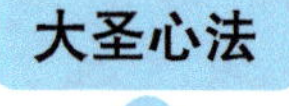

画出一个人太难，但记住他却很容易。

第 35 章

孩子出现严重学业问题怎么办

不同于“不爱写作业”或“不喜欢学习”，一些孩子从入学开始就遇到各种复杂的问题，加上缺乏及时有效的干预，导致他们几乎无法适应学校的生活。常见的适应不良表现有无法专注听课、频繁出现人际冲突、不守课堂规则、情绪敏感易怒。当多种问题一并出现时，家长们总是顾此失彼，完全没有解决思路。事实上，孩子们并非对此无动于衷，他们已经被一条黑色的逻辑绳索牢牢困住了（见图 35.1），要打破这个循环就需要找到更合适的突破口，系统地进行干预。

➲ 价值感恢复计划

成绩通常被认为是可以客观反映儿童心智发展水平的通用标准。我们总是把学习等同于成绩，只有当孩子成绩不好时，我们才发现原来有那么多的因素与此相关。如图 35.1 所示，学业问题只是

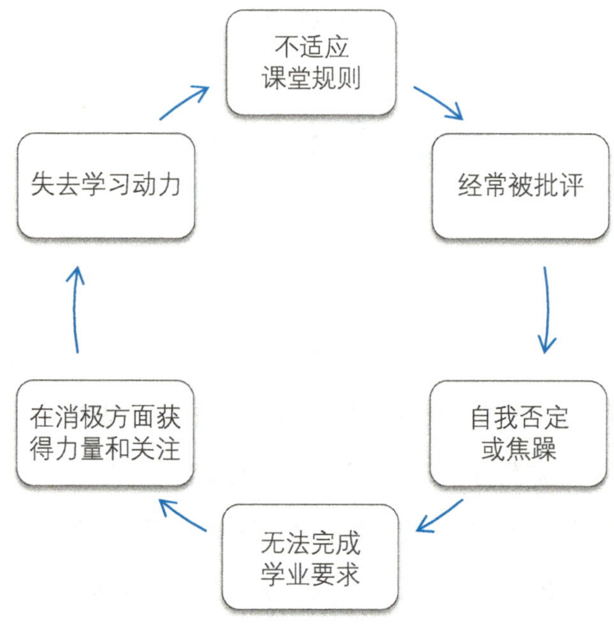

图 35.1　导致学业问题的恶性循环

表象，是众多不利因素环环紧扣、共同诱发的结果。因此，单纯地解决学习问题，既是错误的，也是无效的。想打破这个循环，我们首先应恢复孩子的自我价值感，按照发展顺序分别是能力价值感、社会价值感和学习价值感。

恢复能力价值感

对于常规管理毫无反应的孩子，我们首先要密切关注其功能问题。通常这样的孩子伴随着不同程度的注意力缺陷，因此，我们务必要正视服用药物的必要性，同时在家庭和专业机构中进行系统化、高强度的功能训练。除此之外，我们要重新审视孩子身上的优点，并用积极关注取代消极关注。正如我们所知，他们具备热心、善良、勇敢等品质，我们需要在家庭生活中更多地关注与这些积极品质相匹配的行为和言语，及时并频繁地表达赞美和肯定。除此之外，还要尽可能培养他们的非学业性特长，这包括我们之前提到的各种兴趣班，也包括一些稍微烦琐的家务，如养花、做饭、洗衣服、擦车等。这可以有效提升孩子的自我价值感。此阶段尽量不要将学业作为经常谈论的话题，最多督导着他们完成家庭作业即可。

恢复孩子的社会价值感

与老师沟通，请老师尽可能多地给孩子分配一些服务班级的工作，如擦黑板、帮老师拿书、监管卫生等。这些孩子通常拥有一颗助人为乐的心，他们愿意完成任务，愿意出风头，更愿意被关注和重视。当然，我们要在私下里引导孩子关注自身的言行，强化其道德感和责任意识，让他们明白，对一个人的评价并非只有学习成绩这一个维度。还可以引导孩子关注同学和伙伴的需求和困难，积极帮助他们解决问题，这样也有利于他们恢复健康的人际关系。当孩子建立起这种意识后，我们还可以引导他们参与一些公益活动，在帮助别人的过程中，孩子的内在力量和价值感会不断重塑和提升。

恢复孩子的学习价值感

在前两部分取得阶段性成果后，才能开始真正的面向学习。首先，我们要帮助孩子评估他们在各学科现有的水平，评估的方式可以参考老师的意见，也可以通过试卷来评估。接下来要根据孩子的能力设定自我提升的目标和学习计划。若孩子的成绩尚可，我们可以针对薄弱环节进行专项训练，每个阶段指向一个学科目标，其他学科保持原有的学习方式。如果孩子的成绩落后得太多，就需要利用周末进行系统的学习，并与老师沟通，为孩子留一些容易完成的作业。这一过程在前期一定困难重重，但我们知道，多动型儿童的智力并没有问题，而且小学阶段的学业内容并不复杂，所以他们完全有可能形成“努力—进步—肯定—自信”的正向循环。

➲ 是否选择留级

有时候问题极为棘手，环境不会留给我们更多的时间来“韬光养晦”。孩子的厌学情绪严重，甚至发展成校园场所恐惧等神经症性问题……这时，我们是否要考虑另一个问题，让孩子留级呢？

如果真的要走这一步，家长也没必要感到羞愧和自卑。要知道这绝不是个别现象，数据表明，在美国有 1/3 以上的多动症儿童至少留级一次，近 1/4 的多动症儿童辍学、休学甚至被开除。虽然留级是最常规的选择，并有一定的道理，但我们必须意识到，留级并不是一个好的选择，也不会对问题的解决产生本质的影响。因留级可能产生的自卑感只会让孩子更加仇视学习和学校生活，从而进一步降低亲社会性动机。

所以，如果因现实原因，孩子必须离开现有的班级，那么换一个新的学校而不是留级会是更好的选择。不过，在进入新学校之前，我们最好能够提前系统地执行“价值感恢复计划”，让孩子以全新的面貌迎接新的环境。还需要注意的是，不要频繁给孩子换学校，这会使孩子缺乏安全感。在选择离开之前，最好让孩子自己来决定，并做好对未来的承诺和规划，更好地配合“价值感恢复计划”的实施。

大圣心法

只有学习好，才会喜欢上学习。

第 36 章

孩子喜欢说脏话怎么办

多动型儿童对一切能够对其产生强烈影响的事物都感到好奇和欣喜，因此他们会像雷达一样，随时搜寻着那些新奇的事物。具有侮辱性的脏话自然成为他们的偏爱，这在多动症群体里很常见。除了猎奇和吸引关注，他们脆弱的自尊也可以在说脏话的过程中感受到力量。他们用这样的方式发泄因环境对自己的偏见和不公而产生的不满。虽然每每想到此处，我难免心存怜悯，但是这种违背世俗规范的行为，不仅不能让他们获得解脱，反而会让他们越陷越深。为了更好地处理这一问题，我们还是要先从正确认识脏话开始。

➲ 重新认识脏话

首先，“脏话”的定义是传统价值文化所不齿的部分，由于文化不断发生变化，因此脏话也在发生变化。文化的变迁是潜移默化的，很多我们原以为的禁忌词汇如今却可以堂而皇之地走近大众媒体。

其次，说脏话的最重要价值是表达反叛。因此，越是被道德摒弃的语言，越容易表达强烈的情绪，但是对道德的认知却是随着孩子的成长而发生变化的。幼儿最在意的道德问题是“屎、尿、屁”，这是他们这个年纪最有力量的脏话。有趣的是，我们在意的脏话更多只限于成人世界的脏话，这反而重塑了孩子表达叛逆情绪的词语概念。当儿童的言语超越了其年龄的表征后，会引发部分家长对儿童长大的恐惧感，其根本原因来自对教养的失控感。

现在我们了解了说脏话的功能——表达叛逆和反抗，也了解了说脏话有助于儿童在语言交流中获得力量感。但令我们疑惑的是，为什么孩子需要用这种方式汲取力量呢？孩子又为什么会缺乏力量呢？事实上这种反思才更有意义。儿童的行为其实是他们所知道的应对环境的“最佳方案”，孩子说脏话是一种信号，他们是在告诉我们，他们总是不被肯定、缺乏关爱，或者被剥夺了自由。

最后，我们根据脏话的功能差异，将其分为三类：情绪表达类脏话、语言习惯类脏话和蓄意攻击类脏话。

情绪表达类脏话的意义在于人们可以借由这些“有力量”的词汇来发泄情绪，他们并不在意语言的真实意义，只是在特定的场合，真的没有什么语言比这些脏话更能缓解压力了，比如打游戏被队友坑了、开车的时候突然被后面的车追尾了。

语言习惯类脏话所涉及的问题要严重一些，由于文化、环境、模仿、叛逆等原因，孩子会不自觉地在语言中加入一些脏话，以表达他们对环境的认同。这时我们要努力改善成长环境，但这通常很难。

蓄意攻击类脏话即有指向性的、带有攻击和侮辱性的脏话，这类脏话所涉及的问题最严重，必须杜绝。处理此类问题需要关注儿童的情绪控制能力、社交能力并提升他们的应对技能。

➲ 清理环境中的不良因素

孩子们说的脏话通常并不符合他们的生理发展性认知。因此，在生活中，一定有让他们模仿的强烈刺激源，“阻断”成为改变的前提。

首先要关注的就是家庭环境。虽然家长在养育孩子的过程中会尽力克制说脏话，但是仍然会在不经意间有所流露。尤其是当我们面对突如其来的事件时，那些不雅的词汇总是脱口而出。这种强烈的情绪表达往往更能引发儿童的关注，甚至很多家长在训斥孩子的时候会情绪失控甚至脏话连篇。可以肯定的是，孩子们都无心刻意模仿，但是在他们的潜意识中早已烙下了深深的印记。因此，我们需要进行家庭语言的清理整顿工作，全员遵守、相互监督，以一种快乐的方式，慢慢地改变糟糕的语言习惯，还家庭一份雅致和健康的文化。

在孩子的社交圈中难免会有爱说脏话的孩子。这时，我们要及时提醒孩子，告诉他们你所担心的问题，并明确告诉他们哪些话是不能说的，并配以惩罚机制。如果可能，我们还需要重塑孩子的社交圈，引导他们与那些言行良好的孩子玩耍。同时，更重要的是，我们要帮他们找到替代性的语言来表达情绪。

媒体也是重要的影响因素，甚至从某种意义上来说，这种影响更为深远。现在自媒体盛行，这让一些哗众取宠的信息得到了广泛传播。很多家长都有刷小视频的习惯，不经意间还会跟孩子一起分享这“快乐时光”，正是这不经意的“快乐”，重塑了儿童对快乐的定义。

约束标准与惩罚措施

我们必须要接受这样的事实，不同的教养文化对脏话的宽容程度不同，说脏话的孩子也并不应该被粗暴地贴上“坏孩子”的标签。我个人对此就持比较开放的态度，根据脏话的性质采取不同的策略：对“情绪表达类脏话”基本持包容态度，对“语言习惯类脏话”持约束态度，对“蓄意攻击类脏话”持杜绝和惩戒的态度。家长也可以采取抵制一切脏话的态度来构建惩罚机制。详见表 36.1。

表 36.1　脏话惩罚机制表

语言净化管理方案			
场景	情绪表达类脏话	语言习惯类脏话	蓄意攻击类脏话
家中	☆☆	☆	☆☆☆
社交中	☆	☆	☆
补充	若调查因被攻击而进行还击，可减免惩罚		

➲ 关注可能存在的其他问题

对于脏话句句不离口的孩子，问题可能不止“发泄”和“炫耀”那么简单，我们还需要关注他们更深层的心理问题。家长要密切关注孩子的其他品行问题，比如说谎、对抗规则、不良嗜好、打架、偷窃等，并在必要时及时寻求心理咨询的帮助。这些孩子往往会更早关注成人话题，在处理这些问题时，家长一定要谨慎，通常无论是打骂，还是推心置腹，都难以从根本上解决这些问题。建立良好的亲子关系，构建积极健康的家庭环境，才是解决问题的重中之重。

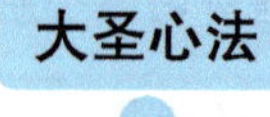

说脏话不可怕，可怕的是怀揣着肮脏的心。

训练篇

第 37 章

呼吸游戏

呼吸可以反映自主神经系统的工作情况。多动型儿童常常表现出精力旺盛的特点，时刻处于亢奋和紧张的状态中，尤其当受到强烈的刺激时，他们更难控制自己的情绪。呼吸训练可以有效地帮助他们掌控呼吸的节奏，从而改善副交感神经的调节作用。呼吸游戏还可以用于缓解应激事件带来的反应，让自己快速恢复冷静。在接下来的内容中，我会在每章设置游戏的相关信息表（如下表所示），帮助你了解游戏的适宜年龄以及所训练的相关技能等信息。

操作雷达			技能雷达		
	适宜年龄	4+ 岁		视觉专注	☆☆
	参与人数	2+ 人		听觉专注	☆☆
	趣味性	☆☆☆		行为控制	☆☆☆
	竞技性	☆		情绪控制	☆☆☆☆
	游戏时间	15 分钟		调解技巧	☆☆☆☆☆

➲ 游戏材料

音乐（可选）、指挥棒（可选）

➲ 游戏规则

第一步：手指呼吸

让儿童伸出一只手，摊开手掌，成人用手指从儿童的手心部位开始，逐一顺时针（或逆时针）划过拇指－食指－中指－无名指－小指（或小指－无名指－中指－食指－拇指），顺时针划的时候让儿童“吸气”，逆时针划的时候让儿童“呼气”。一般做一个来回即可，即“从拇指到小指”，再“从小指到拇指”。在做的过程中注意节奏的变化，通过滑动的速度调整呼吸的节奏，要确保每次都能使儿童充分呼吸，建议成人在指导时与儿童同步呼吸，由于儿童的肺活量较低，因此游戏的设置要考虑到这一点。

第二步：人体炸弹

儿童张开双臂站立，当成人说“人体”的时候，儿童收起手臂和躯干至蜷缩并蹲在地上，同时保持“吸气”，当成人说“炸弹”的时候，儿童迅速跳起并伸展手臂，同时“吐气”或大喊“Bang”。可通过调整说“人体”两字的速度，来调整收缩身体和吸气的速度及时间，一般一组做 5 次即可，也可以交换角色或同步游戏。

第三步：呼吸指挥家

一方做“指挥家”，另一方做“演奏者”，“指挥家”通过手势（或指挥棒）的变化指挥“演奏者”呼吸，规则为手势向上为“吸气”，手势向下为“呼气”。“演奏者”根据“指挥家”手势变化的快慢调整呼吸的快慢。配合音乐的节奏或自行唱歌来完成效果更好。一次训练时间为 2 分钟，然后角色互换。

➲ 注意事项

- ✧ 当儿童表现出欣悦状时，需要等待其情绪稳定后再继续游戏。
- ✧ 不要轻视游戏的困难程度，一定要找到适合儿童的游戏节奏，以免儿童产生挫败感。
- ✧ 当儿童主导游戏时，家长不要进行干扰，如果儿童出现不合理的要求，家长可以通过“表示自己做不到”或“努力配合最终失败”等游戏化的方式处理，关注点放在引导儿童的过程，以提升儿童在过程中的控制感，减少其被主导的消极体验。

第 38 章

觉醒脱困

正念疗法是目前被循证的训练专注力的方式之一，通过拓展感觉官能的方式，让我们全然感知当下，从而将情绪从困境中释放出来。这种训练既有利于儿童掌握应对突发事件的自我调节方法，又可以起到改善心境、缓解压力的作用。本游戏源自经典的正念“锚点”技术。游戏的适宜年龄以及所训练的相关技能等信息如下表所示。

操作雷达	适宜年龄	6+ 岁	技能雷达	视觉专注	☆☆☆
	参与人数	2+ 人		听觉专注	☆☆☆
	趣味性	☆☆		行为控制	☆☆☆
	竞技性	☆		情绪控制	☆☆☆☆
	游戏时间	15+ 分钟		调解技巧	☆☆☆☆

➲ 游戏材料

舒适的椅子或沙发、一些不同口味的零食

➲ 游戏规则

（1）找一个舒适的沙发或椅子坐下来，确保脚底与地面可以充分接触。

（2）准备一袋口感丰富的小零食，放在手臂附近，确保闭着眼睛也可以轻松拿到。

（3）想象脚底长出两个钩子，把脚牢牢地锁在地面上，扶手上伸出两个手铐，把手牢牢地锁在扶手上（没有扶手可将大腿和膝盖当成扶手）。

（4）与孩子一起表演，无论你们多用力都无法移动分毫，表演时尽可能夸张。

（5）放弃抵抗，让身体瘫软在座位上，只有“打通”四个感觉通道才能让自己脱困。

（6）触觉通道——让自己感受来自脚掌、手掌，以及其他任何身体部位的不少于四种的压力感。

（7）视觉通道——确保身体不动，环顾四周，找四种或四种以上不曾仔细关注的物体或细节，完成后，同时对刚刚体验到的触觉和关注到的四种物体或细节保持感知。

（8）听觉通道——放松自己，聆听周围存在的四种或四种以上不同的声音，完成后，同时对通过触觉、视觉和听觉通道获得的信息保持感知。

（9）味觉通道——拿起零食放进嘴里，慢慢地仔细品尝，体会四种或四种以上不同的味觉，同时对通过触觉、视觉、听觉和味觉通道获得的信息保持感知。

（10）成功完成全部流程，方可脱困，完成“自我救赎”。

➲ 注意事项

- ✧ 家长可以与儿童一起完成。
- ✧ 这是一个追求缓慢体会的练习，除了第四步外，一定要保持足够慢的节奏，当孩子表现出“完成了”的时候，要求他们再次关注细节，可以通过对细节的提问来引发他们的关注。
- ✧ 游戏结束后，家长和儿童可以对整体的感受进行交流，关注感受的差异性和丰富性。
- ✧ 确保整体完成时间不少于 15 分钟，随着儿童年龄增长可逐步增加到 30 分钟以上。

第 39 章

进阶拍球

多动型儿童的自主神经系统的稳定性较差，加上他们天生能量充沛，所以难以操控自己的身体。韵律训练有助于儿童提升自主神经系统的稳定性，增强视觉和运动觉的统合能力，有效提升专注水平。拍球训练是最有效的韵律训练之一，具有操作简单、灵活多变的特点。通过有序的进阶练习，不仅可以有效缓解注意力障碍，还能起到强身健体的作用。游戏的适宜年龄以及所训练的相关技能等信息如下表所示。

操作雷达	适宜年龄	4+ 岁	技能雷达	视觉专注	☆☆
	参与人数	2+ 人		生活技能	☆☆
	趣味性	☆☆☆		行为控制	☆☆☆☆☆
	竞技性	☆☆☆		情绪控制	☆☆☆
	游戏时间	20+ 分钟		神经韵律	☆☆☆☆☆

➲ 游戏材料

静音球（室内）/ 篮球（室外）

➲ 游戏规则

传球热身

（1）双方面对面站立（距离可自行调整），通过击地进行传球。

（2）儿童年龄偏小时，可使用较大的皮球或瑜伽球。

（3）可逐步增加距离来提升游戏难度。

（4）游戏以对方可以有效接住球为目标，必要时可以约定双脚不能移动，或只能站在“圈里”接球。

（5）一次热身控制在 5 ～ 10 分钟即可。

单手拍球

（1）分别用右手、左手单独拍球。

（2）每只手完成的进阶目标为：一组 10 个、20 个、50 个、100 个、200 个、300 个。

（3）拍球过程中掉落时重新计数，首次训练可根据实际完成情况制定最低标准。

（4）当可以顺利完成进阶目标后，维持一周的训练，一周后挑战下一个进阶目标，直到完成所有目标。

（5）当可以完成 300 个拍球后，可根据能力自行设置新的目标。

交替拍球

（1）左右手轮流拍球，每只手每次只拍一次。

（2）每组进阶目标为：一组 20 个、50 个、100 个、200 个、300 个、500 个。

（3）训练的其他设置与“单手拍球”一致。

双手拍球

（1）双手同时拍球，保持相同的速率，进阶目标为：一组 10 个、20 个、50 个、100 个、200 个。

（2）当可以双手同时拍球 100 个以上时，练习有节奏地进行双手交叉换手拍球，设定完成数量（如每组 100 个），依次按照每 10 次交叉换手、每 5 次交叉换手、每 2 次交叉换手的频率进阶。

（3）熟练后，可在拍球过程中随机给予交叉指令，交叉拍球次数不少于一次。

墙面拍球

（1）面向墙壁笔直站立，确保伸出手臂后，指尖刚好碰到墙面。

（2）在垂直墙面完成左右手“推拍球”动作，具体目标参照“单手拍球”。

（3）在垂直墙面完成双手“推拍球”动作，具体目标参照“双手拍球”。

➲ 注意事项

- ✧ 制订有序的进阶训练计划，要求每日训练时长不少于20分钟。
- ✧ 每次热身后训练2个内容即可。
- ✧ 在前期儿童左右手能力差距较大时，可分别设置进阶目标，随着训练加深，逐步减少差异。
- ✧ 当儿童完成目标出现较大困难时，可将训练形式调整为娱乐性训练，前期弱化目标，以强化运动行为为目的。

第 40 章

情绪马达

众多研究表明，对情绪的识别有助于我们从情绪中抽离出来，恢复自己的理智，更好地觉察自己的行为。“情绪马达”是经典的情绪控制游戏，用“马达”这一形象化的视觉表征，让孩子们可以直接了解自己当下的情绪状态，并可以结合多种训练方式来评估自己的情绪变化。该游戏既可以缓解应激问题带来的反应，又可以作为日常训练的辅助评估工具。游戏的适宜年龄以及所训练的相关技能等信息如下表所示。

<table>
<tr><td rowspan="5">操作雷达</td><td>适宜年龄</td><td>4+ 岁</td><td rowspan="5">技能雷达</td><td>视觉专注</td><td>☆</td></tr>
<tr><td>参与人数</td><td>2+ 人</td><td>应用技能</td><td>☆☆☆☆</td></tr>
<tr><td>趣味性</td><td>☆☆☆</td><td>行为控制</td><td>☆☆</td></tr>
<tr><td>竞技性</td><td>—</td><td>情绪控制</td><td>☆☆☆☆☆</td></tr>
<tr><td>游戏时间</td><td>10 ～ 20 分钟</td><td>言语统合</td><td>☆☆☆</td></tr>
</table>

➲ 游戏材料

卡纸、圆规或圆盘、直尺、画笔、剪刀、铁丝或图钉

➲ 游戏规则

制作马达

（1）用圆规或圆盘的边缘在卡纸上画一个圆，圆的直径在 15 ～ 20 厘米，为了增加坚固性，可将两张卡纸黏在一起，将画好的圆沿边缘剪下，对折，沿直径剪成 2 个半圆。

（2）将半圆平均分成 9 份，标注数字刻度（从 1 到 9），并做成仪表盘状。

（3）从左向右，用画笔在扇形区域内涂色，由冷色调到暖色调过渡，一般由蓝色到红色。

（4）向儿童表明，1 代表情绪非常平静，9 代表情绪完全失控，引导儿童说明每个数字代表的情绪状态，并举例说明，比如，“睡觉的时候是 1，非常平静”“写作业的时候是 4，有点不安”“户外游戏的时候是 5，非常兴奋”“听到别人给自己起外号的时候是 7，非常愤怒”等。

（5）在另一张卡纸的空白处，画出长 7 厘米左右宽 1 厘米左右的指针，用剪刀把指针剪下来，将指针用铁丝或图钉按在表盘圆心处，注意把铁丝或图钉的尖角处折弯。

马达游戏

（1）情境对应——分别把指针从 1 到 9 移动，逐步对应相应的颜色，让儿童找到与之对应的生活情境，感受当时的情绪状态，并表演出来。

（2）情绪调控——调整指针到任意刻度，让儿童快速对应情绪，并表达对应的行为，着重关注从情绪强烈到平复的过程，可借助呼吸训练等情绪调节技术。

（3）应激警示——当儿童情绪失控时，把马达调整到相应的刻度，展示给儿童，并提醒他关注此刻的情绪状态。

（4）情绪日记——让儿童调整指针到相应的刻度，以表达当日特殊的情绪状态，并说出引发情绪的具体事件，过程中父母或其他成员可以进行提问。

➲ 注意事项

- ✧ 可以直接购买更耐用的成品，但可能失去了共同创作的乐趣和成就感。
- ✧ 我们可以在后期对“马达”进行加固或美化，但在亲子活动过程中不宜提出更高的要求，以免孩子失去兴趣。
- ✧ 可制作多个“马达”，贴在儿童情绪容易失控的场所。

第 41 章

舒尔特方格

舒尔特方格是目前最重要的专注力训练方式之一，通过动态的练习锻炼视神经末梢，从而提升视觉定向搜索的速度，用以培养注意力的集中、分配和控制能力，拓展视幅，加快视频，提高视觉的稳定性、辨别力、定向搜索能力。随着练习的深入，眼球的末梢视觉能力提高，从而在一定程度上改善儿童的阅读速度。舒尔特方格广泛适用于各类专注力和注意力训练。游戏的适宜年龄以及所训练的相关技能等信息如下表所示。

操作雷达			技能雷达		
操作雷达	适宜年龄	3+ 岁	技能雷达	视觉专注	☆☆☆☆☆
	参与人数	2+ 人		认知水平	☆☆
	趣味性	☆☆		行为控制	☆☆
	竞技性	☆☆		情绪控制	☆☆☆
	游戏时间	5 ～ 10 分钟		言语统合	☆

➲ 游戏材料

自制表格或可擦白板（也可直接购买舒尔特工具）、笔、计时器

➲ 游戏规则

数字舒尔特

13	7	12	11
14	1	8	2
6	16	3	10
15	5	9	4

（1）将数字 1 ~ 16 随机填写到 16 个空白格内，可一次性填写多张备用。

（2）随机选择一张写好的舒尔特方格，让儿童按顺序快速点指，并记录时间。

（3）当儿童具备较好的能力时，可增加格数。

（4）一次进行 4 组训练，关注时间的变化。

对战舒尔特

（1）选择两张空白表格，对战双方按照规定分别填入数字，形成数字舒尔特。

（2）将填好数字的表格扣在桌面上并交给对方。

（3）游戏开始后，同时翻开表格，用记号笔按数字顺序，画出点指轨迹。

（4）双方都完成后，交换核对笔迹，先完成并完全正确的一方获胜。

（5）可根据熟练程度，增加或降低格数来调整游戏难度。

竞技舒尔特

（1）将舒尔特拓展更多宫格，如25格、36格、49格。

（2）提前按数字顺序填写完毕，形成数字舒尔特。

（3）选择任意4张不同规格的舒尔特，让儿童依次完成挑战，并记录时间。

（4）核对准确性。

（5）该游戏亦可进行对战，为了增加趣味性，可采取随机选择的形式。

诗词舒尔特

远	白	上	停	家	爱	霜
径	寒	云	坐	斜	晚	红
山	生	石	枫	于	叶	人
车	处	林	花	月	有	二

（1）制作 4×5 或 4×7 的表格。

（2）将儿童习得的诗歌文字打乱顺序并填写进去。

（3）让儿童依次点指并读出文字，同时记录时间。

（4）可结合儿童语文背诵练习使用。

➲ 注意事项

- ✧ 儿童通过点指完成任务时，成人要保持密切关注，一旦出错，要求从头开始，同时持续计时。
- ✧ 儿童填写数字时，很可能会出错，需要另一个成人进行检查，或完成后让儿童再审核一遍。
- ✧ 在儿童熟练后，再进行对战类游戏。
- ✧ 该游戏可以作为标准化训练，每天进行。
- ✧ 可参考不同形式的舒尔特训练设计，但不要过于追求新颖，从练习效果来看，数字舒尔特依然是最稳定、最有效的形式。

第 42 章

入侵脑细胞

冲动的特质常常使儿童不能持续地关注他人的想法，这是造成社交问题的重要因素。一般的提升儿童共情能力的方式都依赖于情绪管理和认知教育，但由于这并不是儿童感兴趣的层面，因此效果并不好。本游戏有很多种版本，在各类综艺和书籍中也有所提及，但却很少特意指向多动型群体。我对这个游戏进行了改进，融入了情境故事，让游戏更具趣味性。游戏的适宜年龄以及所训练的相关技能等信息如下表所示。

操作雷达	适宜年龄	5+ 岁	技能雷达	推理能力	☆☆☆
	参与人数	2+ 人		听觉专注	☆☆
	趣味性	☆☆☆		行为控制	☆☆
	竞技性	☆☆		情绪控制	☆☆☆
	游戏时间	5 ～ 10 分钟		共情能力	☆☆☆

➲ 游戏材料

无

➲ 游戏规则

（1）通过简单的方式选择初始的“入侵者”和“大脑”。

（2）“大脑”在脑海中想象一个简单、具体的物品，将其名称写在纸上折起来，以便揭晓答案时使用，完成后示意“入侵者”开始“入侵”。

（3）“入侵者”通过提问来缩小答案范围，但“大脑”只回答“是”或“不是”。

（4）记录问题的数量，直到“入侵者”准确回答或宣布放弃。

（5）交换角色，按照上述规则继续完成一次游戏。

（6）一组游戏完成后，入侵成功者获胜，若同时入侵成功，问题少的一方获胜，游戏可进行多次。

➲ 注意事项

- ✧ 多人游戏时，每次选择一个“大脑”，其他人作为“入侵者”，依次进行提问，每轮最先答对者获胜，充当下一轮“大脑”。

- ✧ 如果孩子不会写字，可用拼音代替，或者将所想物品画出来。
- ✧ 对于年纪较小的孩子，需要向他们提供游戏的策略和技巧，如从抽象到具体进行提问。对于幼儿园阶段的孩子，还要进行物品类别的认知教育。
- ✧ 孩子可能会动不动就宣布放弃，这时我们可以在不经意间给予一些提示或总结性引导。
- ✧ 成人要根据儿童的认知发展水平选定物品，一般不要脱离儿童的熟悉范围。

第 43 章

谁是色盲

本游戏改编自经典的专注力训练游戏，有助于儿童对本质信息的关注，减少冲动行为，促进视觉和语言的统合。游戏操作简单，可玩性强。游戏的适宜年龄以及所训练的相关技能等信息如下表所示。

<table>
<tr><td rowspan="5">操作雷达</td><td>适宜年龄</td><td>4+ 岁</td><td rowspan="5">技能雷达</td><td>视觉专注</td><td>☆☆☆☆</td></tr>
<tr><td>参与人数</td><td>2+ 人</td><td>听觉专注</td><td>☆☆</td></tr>
<tr><td>趣味性</td><td>☆☆☆</td><td>行为控制</td><td>☆☆</td></tr>
<tr><td>竞技性</td><td>☆☆☆☆</td><td>情绪控制</td><td>☆☆</td></tr>
<tr><td>游戏时间</td><td>5 ～ 10 分钟</td><td>言语统合</td><td>☆</td></tr>
</table>

➲ 游戏材料

颜色文字卡

➲ 游戏规则

（1）首先制作 20 ～ 60 张“颜色文字卡”，方式是在空白的卡片纸上，用与文字所代表的颜色不同的彩色水笔，写上颜色名称，如绿色（用红色笔写）、紫色（用蓝色笔写）、蓝色（用绿色笔写），每张卡单面写一种颜色。

（2）将卡片正面朝下，确保背面看起来是一样的，打乱并叠放在一起备用。

（3）游戏开始后，每人按顺序分配一张卡片，保持背面朝上。

（4）成人喊“1、2、3”，双方同时翻开卡片，并快速说出卡片上文字的颜色，注意是书写文字的颜色，不是文字代表的颜色。

（5）优先准确说出答案的一方积一分，所有卡片用完后，查看积分情况，最多者获胜。

（6）获胜者问：“谁是色盲？”失败者回答：“我是色盲！”

➲ 注意事项

- ✧ 幼儿阶段的儿童，需要提前认识文字。
- ✧ 制作卡片时，要选择容易区分的颜色，如红、黄、蓝、绿、紫、橙、黑、灰。
- ✧ 多人游戏时，每轮选出一个人作为“医生”，“医生”每次展示一张牌，其他人进行抢答，其他同上。

第 44 章

交通电子眼

本游戏的设计结合了一些交通元素，将动手能力、观察能力、记忆能力等多元维度有机整合，全面提升儿童的专注水平。游戏的适宜年龄以及所训练的相关技能等信息如下表所示。

<table>
<tr><td rowspan="5">操作雷达</td><td>适宜年龄</td><td>6+ 岁</td><td rowspan="5">技能雷达</td><td>视觉专注</td><td>☆☆☆☆</td></tr>
<tr><td>参与人数</td><td>2+ 人</td><td>听觉专注</td><td>☆☆☆☆</td></tr>
<tr><td>趣味性</td><td>☆☆☆</td><td>行为控制</td><td>☆</td></tr>
<tr><td>竞技性</td><td>☆☆☆</td><td>情绪控制</td><td>☆☆☆</td></tr>
<tr><td>游戏时间</td><td>10 ～ 15 分钟</td><td>记忆能力</td><td>☆☆☆☆</td></tr>
</table>

➲ 游戏材料

大 16 开活页笔记本、笔

➲ 游戏规则

（1）制作游戏道具，具体方法如下。

选取活页本内一页纸，在每一行的中间位置随机写出 7 位标准车牌号，自上而下写满，制作成“车辆流通带”。

再选取活页本内一页纸，在距离底边 1 ～ 2 厘米处，挖取一个长方形孔洞（作为“观察栏”）。长方形孔洞的高度应与 3[①] 个标准车牌号的高度一致，宽度与 7 位标准车牌号的宽度一致。

将带有“观察栏”孔洞的纸覆盖到写满标准车牌号的纸的上面，使得通过“观察栏”能看到 3 个 7 位标准车牌号。

在游戏时，缓慢地向下方移动写满标准车牌号的纸，即可在“观察栏”里看到对应的车牌号了，随着纸的移动，呈现在“观察栏”内的车牌号也在变化。

（2）简单选择初始角色，一方为“电子眼”，另一方为“交通警察”。

（3）“交通警察”书写出“肇事车辆”的车牌号，确保该车牌号出现在提前制作的“车辆流通带”上，然后连续读 3 遍该车牌号。

（4）“电子眼”仔细倾听并记忆，但不能运用其他工具。

---

① 为了提升游戏的趣味性，长方形孔洞的高度可大于 1 个标准车牌号的高度，通常设定为 3 个标准车牌号的高度。

（5）“交通警察”以一定的速度向下抽动写满标准车牌号的纸（模拟车流），“电子眼”仔细观看“观察栏”，当出现“肇事车牌号”时，“电子眼”喊“停”，若准确无误，“电子眼”获得一个积分，错误或遗漏不得分。

（6）“交通警察”只模拟一次车流，结束后互换角色，按照上述规则继续游戏。

（7）可通过提高抽动速度和增加播报“肇事车牌号”数量的方式来增加难度。

注意事项

- ✧ 首次游戏时，道具的制作略显麻烦，熟练后并不复杂。
- ✧ 游戏前可加入对车牌号编制的教学部分，确保儿童可以准确编制车牌号。
- ✧ 为了简化操作，可以提前制作电子版的车牌号，打印后使用。但是基于对儿童认知的提升及游戏的挑战性，每次游戏重新书写车牌号效果更好。
- ✧ 家长也可以尝试用纸壳等材料制作更好用的道具。
- ✧ 游戏开始前，彼此要尝试模拟“车流”运行的速度，可使用计时器。

第 45 章

同手同脚

多动型儿童爱动，但是协调性并不好，这源于他们的自我控制能力不佳。因此，除了运动机能的训练，还要关注肢体协调性的训练。同时，这种训练要简单有趣，否则难以达到效果。本游戏的设置兼顾了运动、反应、趣味和协调性，长期训练可有效提升儿童的行为控制能力。游戏的适宜年龄以及所训练的相关技能等信息如下表所示。

操作雷达	适宜年龄	4+ 岁	技能雷达	视觉专注	☆
	参与人数	2 ～ 4 人		听觉专注	☆☆☆
	趣味性	☆☆☆☆		行为控制	☆☆☆☆☆
	竞技性	☆☆☆		情绪控制	☆☆☆
	游戏时间	15 分钟		言语统合	☆

➲ 游戏材料

无

➲ 游戏规则

热身环节

与儿童面对面站立，一边念童谣一边做动作，如果孩子觉得有趣，可以多做几次。

《同手同脚》童谣

大（四肢伸展）– 小（紧绷站立），

大（四肢伸展）– 小（紧绷站立），

同手（左手碰左膝盖）– 同脚（右手碰右膝盖），

上房（双臂上伸）– 跳墙（双腿下蹲），

哭爹 – 喊娘（随意甩动四肢）。

游戏环节

（1）简单选出初始角色："指挥官"和"士兵"。

（2）将"士兵"的左手 – 右手 – 左膝盖 – 右膝盖依次标注为 1–2–3–4 的数字序号。

（3）双方面对面立正站好，"指挥官"发号施令，说出一对数字，"士兵"需要快速将数字代表的四肢部位相互触碰，如：31—左膝盖与左手相碰、24—右手与右膝盖相碰。若同为膝盖，则保持站立不动，若同为手，拍手即可。

（4）随着对游戏越来越熟练，可以一次性多说几组数字，如

34—31—42—12，“士兵”一次性完成。

（5）双方交替进行，所发号的施令应保持同样的难度变化。

（6）如果“士兵”正确完成指令，“士兵”获得 1 个积分，一旦“士兵”出现错误，无须完成本次指令，恢复立正站姿，“指挥官”获得 1 个积分。

➲ 注意事项

- ✧ 要充满激情和快乐地投入热身和游戏。
- ✧ 家长要认真参与，但是不要一直赢，要主动做错。
- ✧ 可以邀请第三个家庭成员加入，统一发布指令，比拼反应速度。

第 46 章

超级侦查员

由于专注时间较短，多动型儿童常常忽略事物的细节，而这种挫败体验会让他们产生消极的自我认同和强烈的焦虑。观察力训练除了提升儿童专注力的持续时间以外，更能对儿童观察事物的程序进行重新梳理，让儿童在一种积极犒赏的环境中获得成就感。该游戏改编自经典的“观察描述”游戏，弱化了言语表达，关注趣味性和对记忆力的训练。游戏的适宜年龄以及所训练的相关技能等信息如下表所示。

<table>
<tr><td rowspan="5">操作雷达</td><td>适宜年龄</td><td>4+ 岁</td><td rowspan="5">技能雷达</td><td>视觉专注</td><td>☆☆☆☆☆</td></tr>
<tr><td>参与人数</td><td>2 ～ 4 人</td><td>听觉专注</td><td>☆</td></tr>
<tr><td>趣味性</td><td>☆☆☆</td><td>行为控制</td><td>☆</td></tr>
<tr><td>竞技性</td><td>☆☆☆</td><td>情绪控制</td><td>☆☆☆</td></tr>
<tr><td>游戏时间</td><td>10 ～ 15 分钟</td><td>言语统合</td><td>☆☆☆☆</td></tr>
</table>

➲ 游戏材料

透明硬质塑料膜、计时器、绘本

➲ 游戏流程

（1）找一个透明的塑料膜或者塑料板，根据孩子的专注水平，画出 2 宫格、4 宫格或 9 宫格（如图 46.1 所示），格数越少，对注意力的要求越高。

图 46.1　宫格示例

（2）找一幅细节复杂的绘本图画，市面上有很多训练专注力的绘本可供挑选，注意一定要买大一些的。

（3）把塑料膜放到画面上，标注好区域名称，如 4 宫格，就是 1/2/3/4，或 A/B/C/D，也可以起上名字，如：王二狗、大笨熊、张麻子、秃脑壳（如图 46.2 所示）。

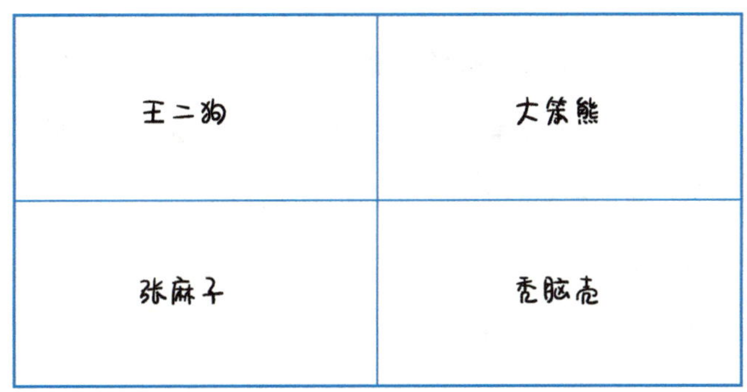

图 46.2　名称示例

（4）指定一个区域，“侦查员”和“出题者”（一般由孩子做侦查员，家长做出题者）同时进行侦查，侦查时间根据孩子的注意力水平而定，一般在 30 秒左右，最长不超过 1 分钟，在观察时间内，“侦查员”需要努力记住画里的细节。

（5）观察时间结束后，“出题者”针对观察区域内的细节向“侦查员”（答题者）提问，大约 5 个问题（如画面中有几棵树），无论“答题者”是否回答准确，“出题者”都要告知正确答案，等所有问题回答完后，再展开画面进行确认。

（6）若画面与“答题者”给出的答案一致，“答题者”获得 1 分。若“答题者”的答案错误，则“出题者”获得 1 分。

（7）侦查区域逐步拓展到所有区域后，游戏结束，查看双方最终分数。

➲ 注意事项

✧ 根据儿童年龄选择绘画素材，儿童年龄越小（或能力较差），所选择的素材内包含的元素应该越少，若感觉难度低，可以在问题选择上适当提升难度。

✧ 成人参与游戏时，要注意儿童的能力水平，不能让儿童感受到强烈的挫败感。

第 47 章

盲人剧场

关闭某些感觉通道，可以使我们的专注力明显提升，并激活其他感觉器官的发展潜力。例如，盲人的听觉系统就格外发达，这需要超乎寻常的专注力，才能敏锐地捕捉声音的细节。本章的游戏正是借由这一现象研发的，在融入了戏剧元素后，对儿童的言语表达力、行为表现力、创编能力等方面，也起到了促进和提升的作用。游戏的适宜年龄以及所训练的相关技能等信息如下表所示。

操作雷达	适宜年龄	5+ 岁	技能雷达	协作能力	☆☆
	参与人数	2 ～ 4 人		听觉专注	☆☆☆☆☆
	趣味性	☆☆☆		行为控制	☆☆☆
	竞技性	☆		情绪控制	☆☆☆
	游戏时间	10 ～ 15 分钟		言语统合	☆☆☆☆

➲ 游戏材料

一些玩具公仔

➲ 游戏流程

双人游戏

（1）简单选择初始角色："盲人演员"和"编剧"。

（2）"编剧"可随机缓慢地讲述一段故事，"盲人演员"（戴上眼罩）根据内容进行夸张的表演。这一过程是同步进行的，也就是"编剧"每讲述一句或一个片段，"盲人演员"就进行一小段表演。

（3）讲述故事时长1～3分钟，结束后"盲人演员"摘掉眼罩，相互总结、反馈并讨论剧情。

（4）交换角色，按照上述规则继续游戏，儿童可借助玩具公仔进行创编。

多人游戏

（1）选出一名故事"编剧"，由"编剧"分配其他"盲人演员"的角色，若使用玩具公仔，可直接对应公仔的角色。

（2）"盲人演员"戴上眼罩（或闭上眼睛），根据"编剧"的讲述表达故事中人物的行为和情绪。

（3）一般故事在 3 分钟内结束，“盲人演员”摘掉眼罩并交流经验和感受。

（4）选出下一名“编剧”，按照上述规则继续游戏，确保每个人都当一次“编剧”。

➲ 注意事项

- ✧ 家长需要有熟练的故事创编能力，可以根据儿童的发展特点来选择语言，让儿童感到有趣又没有来自比较的压力。
- ✧ 家长在表演时，要适当提出要求，以刺激儿童用更形象的语言描述和表达。
- ✧ “盲人演员”在表演时，要尽力表现得幽默和夸张，充满想象力。
- ✧ 多人表演时，要注意安全，必要时可让“盲人演员”在规定的位置表演。
- ✧ 不应否定或指责儿童阐述的情节，但可以适当表示自己的感受，以玩笑的方式给予建议，如“这你……让我怎么演啊”“这剧情也太无聊了吧”“我受不了这么荒诞的剧情了”“能不能来点刺激的”。

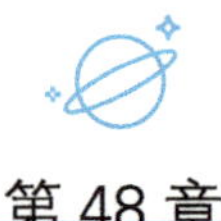

第 48 章

就这么站着

训练脊柱周围的肌肉有助于儿童的身体保持直立的状态，从而刺激其大脑的警觉性，提升兴奋度，让儿童更好地处于专注的状态。保持这种姿势对儿童写作业、听课等尤为有促进作用。本游戏参考德国职能治疗师布丽塔·温特的研究成果，并进行了趣味性和多元性的改编，保障游戏训练可以更好地执行。游戏的适宜年龄以及所训练的相关技能等信息如下表所示。

操作雷达	适宜年龄	4+ 岁	技能雷达	视觉专注	☆
	参与人数	2 人		听觉专注	☆
	趣味性	☆☆☆☆		行为控制	☆☆☆☆
	竞技性	☆☆☆		情绪控制	☆☆☆☆
	游戏时间	10 分钟		言语统合	☆☆

➲ 游戏材料

沙包、抱枕、被单等物品

➲ 游戏规则

（1）成人与儿童面对面站立，要求保证脊柱和头部笔直并稳定。可以选择沙包或抱枕放在头顶，也可以用一些物品简单装扮自己，然后手臂摆出某种姿势模仿某物。

（2）游戏开始后，一方表情木讷地进行发问“你是谁”，另一方根据自己的姿势作答，期间要保持姿势稳定，如“我是大树”“我是雕像”“我是红绿灯”等。

（3）说完后，对方可以提出疑问（通常为 5 个问题），比如“你凭什么说你是红绿灯”，另一方要做出解释，如“我的身体是杆，右手臂是灯，我就这么站着，我是红绿灯”。

（4）每次回答的最后都要附上这句话“我就这么站着，我是×××”，同时整个过程保持姿势稳定不变。

（5）一组结束后，双方交换角色，重复上述过程，不可以重复回答双方表达过的物品，直到有一方没有新的模仿对象，或者无法说出自己与模仿对象之间的关联。

➲ 注意事项

✧ 对于年龄较小、平衡感差、控制能力不佳的儿童，需要进行一些技巧性和持续性的训练，再参与到游戏中来，以免儿童产生挫败感。

✧ 这是一个充斥着冷幽默的游戏，问答过程要尽量保持木讷和搞笑。

✧ 成人应保持投入和积极，当儿童违规或者发生移动时，要装作很介意地指出。

✧ 在互动过程中，调整指令发布时间，来提升儿童的延迟满足和情绪控制能力。

第 49 章

截获密码

视觉广度对注意力至关重要，同时还影响儿童的阅读能力，比如有人读书需要一个字一个字地读，有人却可以一目十行。专注力差的孩子往往因视觉广度不足而容易犯错，比如阅读时丢字、落字等。本游戏改编自经典的“视觉追踪”练习，故事性的设置提升了游戏的趣味性，让孩子可以更快乐地参与其中。游戏的适宜年龄以及所训练的相关技能等信息如下表所示。

操作雷达	适宜年龄	5+ 岁	技能雷达	视觉专注	☆☆☆☆☆
	参与人数	2+ 人		听觉专注	—
	趣味性	☆☆☆☆		行为控制	☆
	竞技性	☆☆☆		情绪控制	☆☆
	游戏时间	10 ～ 15 分钟		言语统合	—

➲ 游戏材料

可擦写书写板（或带格子的纸张）、书写笔、计时器

➲ 游戏规则

（1）角色分为“轴心国司令”（出题方）和“盟军破译员”（解题方）。

（2）“轴心国司令”在游戏板上制作一个 8 × 8、9 × 9、10 × 10 的字母矩阵，随机填写一些字母或符号，注意要有大量不规律的重复（如图 49.1 所示）。

A	B	F	E	R	A	A	B
C	D	A	F	G	E	M	E
F	D	G	A	B	H	H	E
H	E	D	G	B	A	C	D
E	M	N	N	O	P	D	P
D	A	R	C	G	P	O	A
M	M	N	O	P	F	D	A
B	C	D	C	F	P	D	O

图 49.1　字母矩阵示例

（3）在其中选择 4 ～ 8 个字母，让对方填写这些字母在矩阵中的个数，以完成破译，并记录时间（如表 49.1 所示）。

表 49.1　破译表格示例

A	G	D	M	N

（4）核实是否准确，若答案准确，看谁用的时间少。

（5）交换角色，重新游戏，完成时间较少的一方获胜。

➲ 注意事项

- ✧ 可以通过增加（或减少）格子数量来提升（或降低）游戏难度。
- ✧ 填写字母或符号时，相似度越高，难度越大，如“E”和“F”，“∩”和“N”，为了确保同一个字母或符号的一致性，也可以用平板或电脑出题，或提前打印好。
- ✧ 可以一次破译多个密码，来提升注意力的持续性。

第 50 章

看我脸色

这是一个非常全面的情商训练游戏，涵盖了情绪认知、情绪识别、情绪分析、情绪应对等多项因素。经常练习这个游戏可以有效提升儿童的共情能力和社交技巧。该游戏的适应范围广，对任何性格特质的儿童都适用，在应用上可起到发展性和干预性双重作用。游戏的适宜年龄以及所训练的相关技能等信息如下表所示。

操作雷达	适宜年龄	3+ 岁	技能雷达	共情能力	☆☆☆☆
	参与人数	2+ 人		视觉专注	☆☆
	趣味性	☆☆☆		行为控制	☆☆
	竞技性	☆☆		情绪管理	☆☆☆☆☆
	游戏时间	10 ～ 15 分钟		言语统合	☆☆☆

➲ 游戏材料

提前制作好的情绪卡片或购买的类似成品

➲ 游戏规则

（1）首先制作情绪卡片，搜集跟情绪相关的词汇，根据复杂程度，分为 A、B、C 三个类别，分别对应 3～6 岁、6～8 岁、8 岁以上三个年龄段的儿童，可参考的核心词汇如下。

A 开心、愤怒、难过、恐惧、惊讶、喜欢

B 兴奋、沉思、紧张、仇视、害羞、幸福

C 忧郁、压抑、尴尬、嫉妒、悲痛、荣耀

（2）根据孩子的年龄选择情绪卡片，大龄儿童使用的情绪卡片包括低龄儿童使用的情绪卡片。

（3）游戏开始前，先进行情绪表演和情绪认知。具体方法如下。

成人按顺序逐一展示情绪卡片。

向儿童讲解情绪的具体含义或引发儿童自主表达。

引导儿童通过表情和动作来呈现这一情绪。

确保每一个情绪都有可区分的表情和动作来表达。

（4）游戏开始后，选择一方做“表演者”，另一方来猜测。

（5）“表演者”随意表演一种情绪或动作，并在展示前说“看我脸色”，之后不能再说话。

（6）另一方找到与之对应的卡片，并说“看起来你现在很……”。

（7）若回答正确，“表演者”需要进行解释，如“你说对了，因为我……，所以我现在……”。

（8）若回答错误，“表演者”说“看来你真不会看人脸色啊”。

（9）一轮结束后，角色互换，使用过的卡片不能再次使用，一般一次游戏完成 10 张卡片即可。

➲ 注意事项

- ✧ 情绪卡片的选择并非固定不变，儿童对情绪的敏感度、家庭教养的差异都会对儿童的情绪认知产生巨大影响，要根据具体情况具体应用。
- ✧ 为了增加游戏的难度和趣味性，还可以将多个情绪卡片连起来一起使用，所解释的故事也要涵盖所有的情绪。

第 51 章

梦游仙境

冥想有助于提升儿童的情绪稳定性，促进其功能失调脑区的神经发展。儿童正处于极富想象力的阶段，将冥想与想象结合，常常会起到美妙的效果。为了提升趣味性、多变性和疗愈性，本游戏还借助了音乐对情绪的诱发功能。游戏的适宜年龄以及所训练的相关技能等信息如下表所示。

<table>
<tr><td rowspan="5">操作雷达</td><td>适宜年龄</td><td>4+ 岁</td><td rowspan="5">技能雷达</td><td>发散思维</td><td>☆☆☆</td></tr>
<tr><td>参与人数</td><td>2+ 人</td><td>听觉专注</td><td>☆</td></tr>
<tr><td>趣味性</td><td>☆☆</td><td>行为控制</td><td>☆☆☆</td></tr>
<tr><td>竞技性</td><td>☆</td><td>情绪控制</td><td>☆☆☆☆</td></tr>
<tr><td>游戏时间</td><td>5 ～ 10 分钟</td><td>言语统合</td><td>☆☆</td></tr>
</table>

➲ 游戏材料

提前选好的音乐

➲ 游戏规则

（1）找到一处安静的空间，与儿童面对面盘腿正坐。

（2）引导儿童闭上双眼，调整呼吸，前期可运用标准的引导语，具体如下（仅供参考）。

“现在我们要进行冥想之旅了，你准备好了吗？轻轻地闭上眼睛，深呼吸，吸气——呼气，感觉小腹越来越热，渐渐感觉有一束光冲上了头顶，汇集在额头，你追寻着光，不自觉地微微抬头。此时，你感觉身体瘫软而沉重，但是精神支撑着你，在心中默念，精神向上，身体向下。接下来，我会放一段音乐，这段音乐会把我们的心灵带到一个神奇的地方，我们可能看到、听到、感觉到，或是想象到一些事情，无论那是什么，开心的还是难过的，快乐的还是悲伤的，不要害怕，跟着心灵的指引去感受，直到我们有所收获。”

（3）冥想结束后，与孩子交流彼此的“所见所闻”。

➲ 注意事项

- ✧ 可以将此游戏作为每天必做的训练，一次 5 ～ 10 分钟即可。
- ✧ 儿童在早期训练时会非常不配合，可以握住孩子的双手，安静地引导，不必纠结于儿童是否睁眼或胡闹，只需保持平静，如果特别困难，也可以坐在儿童的后面，轻轻地搂着他们的腰或双肩。

✧ 要提前准备好音乐，音乐要多元化，不要全部选择“高山流水”或者“冥想静心”之类的，摇滚乐、爵士乐等都可以，以纯音乐为佳，每段 3 分钟左右为宜。

✧ 不要纠结于儿童的描绘是否合理或真实，对故事意义的解读属于相对专业的心理分析领域，并不作为重点，完成这个游戏本身就极具价值。大家感兴趣的话，也可以专门学习相关的知识和技术，以便更好地进行亲子交流。

第 52 章

角色计数器

在训练过程中，我们常常会引入故事，这可以在一定程度上分散儿童因过度克制而产生的倦怠感。本章游戏除了使用故事，还加入了口头故事讲述环节，使儿童的相关能力可以得到提升。游戏的底层逻辑是听觉注意力的训练，改进后可以更全面地提升多元注意力相关维度。游戏的适宜年龄以及所训练的相关技能等信息如下表所示。

操作雷达	适宜年龄	4+ 岁	技能雷达	视觉专注	☆
	参与人数	2+ 人		听觉专注	☆☆☆☆☆
	趣味性	☆☆☆		记忆能力	☆☆☆☆☆
	竞技性	☆☆☆		情绪控制	☆☆☆
	游戏时间	10 ～ 15 分钟		言语统合	☆☆☆☆

➲ 游戏材料

手办玩具或公仔若干、手机、计时器

➲ 游戏规则

（1）通过简单的方式约定初始角色，分别为“讲述者”和“计数器”。

（2）“讲述者”选择 2 ～ 5 个指定公仔作为游戏道具并开始讲故事，时间一般为 1 分钟或 100 秒，可根据对游戏的熟练程度增减时间，但一般不超过 3 分钟。

（3）“计数器”在“讲述者”开始讲述时计时，并用手机录音机进行录制，“计数器”仔细聆听故事，并对指定角色出现的次数进行记忆。

（4）所讲述的故事中每个角色的出现必须保证具有情节性意义，因讲述卡顿产生的无意义叠词，不重复记录。

（5）故事中的角色不能用第三人称表达，必须用全名。

（6）故事结束后，“讲述者”指定一个角色，询问“计数器”该角色在故事中出现的次数，并通过听手机录音进行核对。

（7）若挑战成功，获得一个积分。

（8）交换角色，按照上述规则继续游戏。

➲ 注意事项

- ✧ 该游戏需要家长有熟练的故事创编能力，可以根据儿童的发展特点来选择语言，让儿童感到有趣又没有压力。
- ✧ 部分儿童最开始的时候可能在讲述方面存在困难，不要对儿童提出过多的要求，仅仅以倾听者或挑战者的姿态应对即可，随着越来越熟练，你会发现他们的故事会开始发生变化。
- ✧ 如果创编故事困难，也可以选择阅读故事。
- ✧ 尽量保证游戏环境中没有其他干扰，否则儿童很有可能分心。
- ✧ 可在过程中提供记忆的策略，比如想象记忆法：想象每个角色头顶上都有一个计数器，每当听到其名字时，计数器就会发生变化，游戏结束后，只需要把想象中的数字读出来就好。
- ✧ 对于记忆能力较好的孩子，可以加入故事情节方面的问题，如“熊大打开门后做了什么动作”，来提升儿童处理多重信息的能力。

第 53 章

思维错乱

这是一个非常简单且有趣的游戏，“病人”和“医生”的设定特别有创意。我们常常觉得注意力水平差的孩子不应该被给予更复杂的任务，或者认为他们的注意力容易分散是个问题。但我们却忽视了这也是一种能力，背后是敏捷的反应能力和信息处理能力，因此对这一能力进行训练，不仅仅会提升儿童的能力，更是对儿童优势能力的培养。游戏的适宜年龄以及所训练的相关技能等信息如下表所示。

操作雷达	适宜年龄	5+ 岁	技能雷达	视觉专注	☆☆☆☆
	参与人数	2+ 人		听觉专注	☆☆☆☆
	趣味性	☆☆☆☆☆		行为控制	☆☆
	竞技性	☆☆☆		情绪控制	☆☆☆
	游戏时间	10 ～ 15 分钟		逻辑思维	☆

➲ 游戏材料

计时器

➲ 游戏规则

（1）通过简单的方式确定初始角色，一个人扮演“医生”，另一个人扮演“精神病人”（以下简称“病人”）。

（2）“医生”制定一个特别的规则，约定某个部位用另一个部位代替，如鼻子代替眼睛，眼睛则代替鼻子。

（3）游戏背景为，“医生”正在对“病人”进行检查，要求每说出一个部位，“病人”就指向相应部位。

（4）“病人”要根据“医生”的指令进行回应，但注意要遵循那条特别的规则，如“医生”说“鼻子”的时候，“病人”要指眼睛，“医生”说“眼睛”的时候，“病人”要指鼻子。

（5）游戏开始时，按计时器计时，如果“病人”没有按照要求指出部位（包括规则之外的部位和特别规则的部位），则挑战失败，“医生”停表，同时喊“思维错乱”。

（6）“病人”的反应时间不能超过 3 秒（可通过感官判断），一局游戏结束后记录挑战时间，更换角色进行游戏。

（7）若 1 分钟之内，“病人”并没有出现错误，则顺利通关，暂停游戏，增加一个新的“特别规则”，下一轮开始后，“病人”要同时注意两个规则的要求。

（8）游戏可进行多轮，每晋级一轮，获得与之相对应的积分，如第一轮 1 分，第二轮 2 分……最后将所有积分相加，积分最高者获胜。若积分等同，最后一轮坚持时间较长者获胜。

➲ 注意事项

- ✧ 前期儿童反应速度较慢时，可放宽要求，但是要进行提醒或催促。
- ✧ 当儿童扮演“医生”时，可能会忘记按计时器，这时可由成人代为完成。
- ✧ 游戏也可以选择若干物品进行，以增加复杂度和多变性。
- ✧ 多人游戏时，若有人做错，自动淘汰，但游戏继续，直到所有“病人”都出错。

第 54 章

犯罪现场

这是一个类似警察破案的角色扮演游戏，游戏利用了最普遍的家庭环境，因此具有非常强的可操作性。对游戏角色的代入可以提升儿童的投入度。同时，游戏氛围在紧张和轻松中交替变化，可以有效提升儿童的情绪调节能力和心理韧性。游戏的适宜年龄以及所训练的相关技能等信息如下表所示。

操作雷达	适宜年龄	5+ 岁	技能雷达	视觉专注	☆☆☆☆
	参与人数	2 ～ 4 人		听觉专注	—
	趣味性	☆☆☆☆☆		行为控制	☆☆
	竞技性	☆☆☆		情绪控制	☆☆☆
	游戏时间	20 ～ 30 分钟		记忆能力	☆☆☆☆

➲ 游戏材料

手机、计时器

➲ 游戏规则

（1）通过简单的方式选出“罪犯”和“警察”的角色。

（2）选定房间里的一个局部空间，如书架，“警察”用 3 分钟时间仔细浏览并记忆，用手机拍照，最多拍摄 4 张照片。

（3）“警察”离开屋子以使自己看不见接下来发生的事，“罪犯”需要在 1 分钟内，改变局部空间中的陈设，物品原来的位置和移动后的位置不能有遮挡，并且移动的距离要超过 30 厘米。

（4）“警察”重新进入房间，根据记忆和参考照片，找到变动的地方，时间为 3 分钟。

（5）“警察”找错或未找到变动之处，每个扣 1 分。

（6）每轮结束后记录分数和完成时间，变换角色，最后比较分数，若分数相同，则谁用时短谁获胜。

➲ 注意事项

- ✧ 选择区域时，先从陈设简单、物品较少的区域开始。
- ✧ 当儿童越来越熟练时，可以选择不参考照片“破案”，或减少参考照片的数量，操作时可将不需要的照片暂时删除，在最后对照时，从“回收站”恢复。
- ✧ 不要着急提升游戏的难度，当儿童具备相应的能力后，保持一段时间，再根据儿童的要求适度提升游戏难度。

✧ 多人游戏时，可采取同时“办案”的方式，按正确找出变动之处的数量记分，找错的要扣分。

第 55 章

迷宫大师

迷宫类游戏是训练专注力的一种经典模式，可以改善和调节自主神经系统的功能，对情绪等起到一定的调节作用。从功能上来看，迷宫类游戏可触及视觉专注力和思维的稳定性，并促进抑制功能的发展。本游戏除了遵循迷宫类游戏的基本逻辑，还加入了自主设计迷宫的环节，提升了控制感和趣味性。游戏的适宜年龄以及所训练的相关技能等信息如下表所示。

操作雷达			技能雷达		
操作雷达	适宜年龄	6+ 岁	技能雷达	视觉专注	☆☆☆☆
	参与人数	2 人		逻辑思维	☆☆☆☆
	趣味性	☆☆		行为控制	☆☆☆
	竞技性	☆☆		情绪控制	☆☆☆☆
	游戏时间	20 ～ 30 分钟		言语统合	—

➲ 游戏材料

迷宫地图

➲ 游戏规则

（1）可以根据本章最后的附件图提供的空白地图（大小21×21，见附件图上方）和石块图形（见附件图下方）以手工的形式制作游戏地图和障碍块（方式1），也可以将空白地图打印在纸上或画在画板上，用笔来添加障碍（方式2）。障碍的大小（占据小格子的数量）和数量参见图55.1右侧，标准设置为：1格10个，3格3个，4格20个，6格8个，9格3个，12格3个。制作完成的迷宫地图（迷宫）参见图55.1左侧。

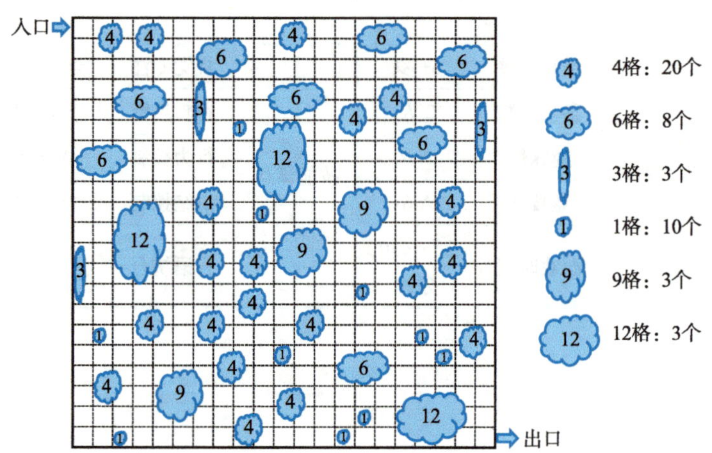

图 55.1　迷宫地图示例

（2）如图 55.1 所示：选择空白地图的一个对角顶点为“入口”，另一个对角顶点为“出口”。

（3）“障碍”（图 55.1 中蓝色的“石块”）的作用为阻止行进，可以制作相应大小的纸片放置在迷宫上作为障碍，也可以用笔绘制。

（4）将“障碍”随机布置在迷宫格子中形成迷宫地图，确保有至少一条路径可以从“入口”通往“出口”，对于操作熟练的或年龄较大的儿童，可规范为唯一路径。

（5）路径由完整的小方格组成，要确保从“入口”到“出口”的逃脱路径上的小方格中没有“障碍”。

（6）为儿童讲解游戏规则，尝试让儿童制作迷宫地图并协助指导，直到儿童掌握制作迷宫地图的方法。

（7）正式游戏时，亲子双方各执一张空白地图，独立制作迷宫地图。

（8）交换迷宫地图，并同时作答，用记号笔画出逃脱路径，速度最快者胜出。

➲ 注意事项

✧ 前期可以简化游戏准备工作，直接购买迷宫图册进行游戏，在儿童感兴趣后再逐步引入绘制迷宫。

- ✧ 年龄较小的儿童的逻辑思维还没有发展到此阶段，可以采用“家长绘制、儿童解答”的方式，这样还可以根据儿童的能力水平设置挑战难度。
- ✧ 引导儿童制作迷宫同样具备重要的训练意义，有时可将制作迷宫作为游戏或竞技的核心，成为独立的训练板块。
- ✧ 也可以根据儿童的能力水平，引导他们自己设计迷宫基础地图的格子数和障碍形式，一般障碍占据的格子数在整体格子数的一半左右为佳。
- ✧ 家长要表现出与儿童能力相当的解答水平，适度的压力可以提升儿童的能力，适度的挫折可以提升儿童的自我成就感。
- ✧ 制作迷宫是一项专业而复杂的工作，涉及智力的众多维度，若儿童表现出强烈的兴趣，或我们发现儿童在这方面有天赋，可以查阅相关专业书籍，以便培养孩子独特的天赋。

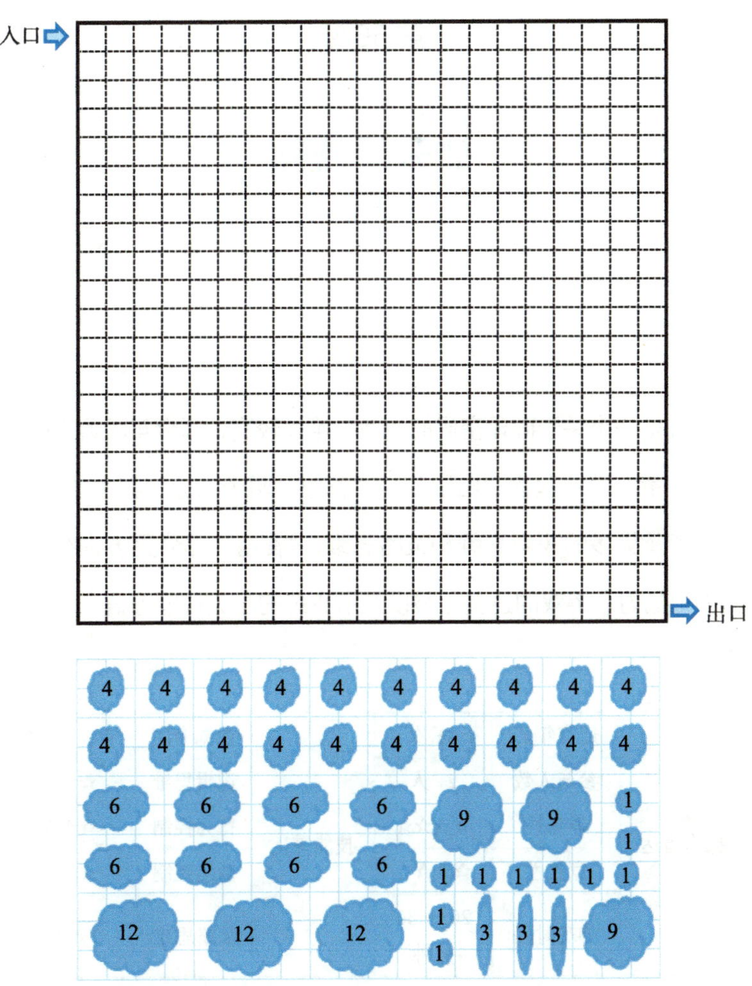

4格：20个　　6格：8个　　3格：3个　　1格：10个

9格：3个　　12格：3个

附件图

第 56 章

达芬奇密码

这是一个关于破译密码的游戏，难度较高，适合年龄偏大的儿童。游戏包含“出题”与“答题”两个部分，其中“出题”部分涉及更多的逻辑思维和策略思维，“答题”部分更多训练观察力和记忆力。游戏的适宜年龄以及所训练的相关技能等信息如下表所示。

<table>
<tr><td rowspan="5">操作雷达</td><td>适宜年龄</td><td>8+ 岁</td><td rowspan="5">技能雷达</td><td>视觉专注</td><td>☆☆☆☆☆</td></tr>
<tr><td>参与人数</td><td>2+ 人</td><td>逻辑思维</td><td>☆☆☆</td></tr>
<tr><td>趣味性</td><td>☆☆☆☆</td><td>行为控制</td><td>☆☆☆</td></tr>
<tr><td>竞技性</td><td>☆☆☆☆</td><td>情绪控制</td><td>☆☆☆</td></tr>
<tr><td>游戏时间</td><td>20 ～ 30 分钟</td><td>策略思维</td><td>☆☆☆☆</td></tr>
</table>

➲ 游戏材料

破译单若干份（见图 56.1）

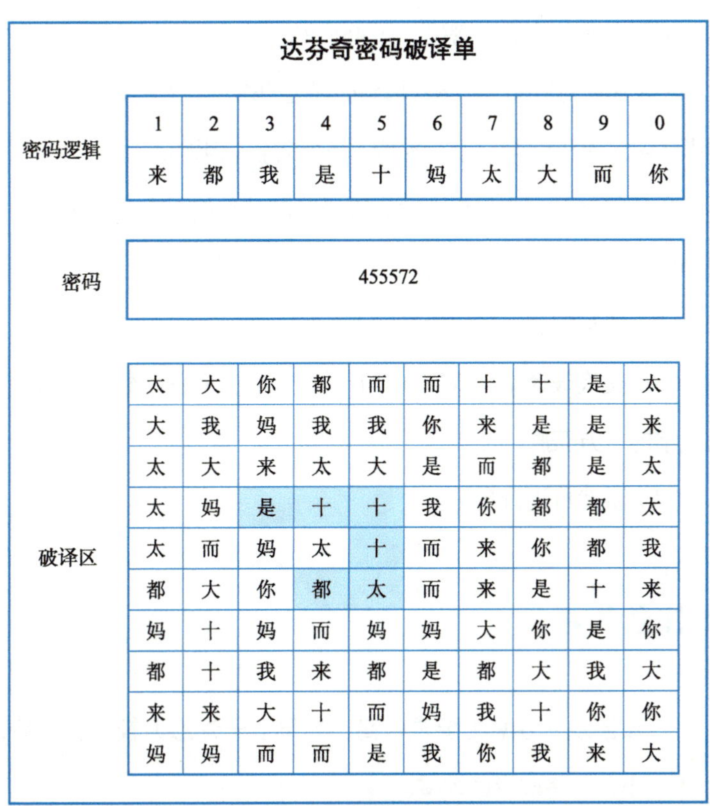

达芬奇密码破译单

密码逻辑

1	2	3	4	5	6	7	8	9	0
来	都	我	是	十	妈	太	大	而	你

密码

455572

破译区

太	大	你	都	而	而	十	十	是	太
大	我	妈	我	我	你	来	是	是	来
太	大	来	太	大	是	而	都	是	太
太	妈	是	十	十	我	你	都	都	太
太	而	妈	太	十	而	来	你	都	我
都	大	你	都	太	而	来	是	十	来
妈	十	妈	而	妈	妈	大	你	是	你
都	十	我	来	都	是	都	大	我	大
来	来	大	十	而	妈	我	十	你	你
妈	妈	而	而	是	我	你	我	来	大

图 56.1　参考填写制作模板

➲ 游戏规则

（1）每位玩家获取一张破译单，包含“密码逻辑”“密码”“破译区”三个部分，玩家需要自行填写破译单，具体步骤如下。

编制密码逻辑，也就是 0～9 共 10 个数字及所对应的文字（或英文），但不能有重复。

填写 4 ～ 6 位数字密码，如 455572。

将密码所对应的文字依次填到破译区的格子上（如图 56.1 中蓝色阴影区域），每个文字必须紧挨着下一个文字，但无须“横平竖直”。

之后将其他文字随机填写到破译区的其他格子上，每个文字出现 10 次，确保不再有与对应数字密码完全一致的相连文字。

（2）填写完后，仔细检查一下。

（3）交换破译单，双方同时开始破译，优先圈出数字密码对应的文字的一方获胜。

（4）游戏可进行多轮。

➲ 注意事项

✧ 该游戏对注意力要求较高，如果孩子注意力较差、年龄偏小，可将破译区缩减。

✧ 游戏前，要指导儿童准确完成破译单的制作。

✧ 若由于制作纰漏，在破译区出现两个或多个对应密码，找到任意一个都算成功，也可以刻意设置多个密码来调整难度和趣味性。

✧ 多人游戏效果更好，每轮选择一个人作为“达芬奇”，可提前用计算机完成破译单，每次打印多份，确保玩家每次获得同样的破译单，多人同时破译。

第 57 章

迷魂阵

想必大家都熟悉“三仙归洞”的魔术吧，或许是出于狩猎的本能，这些追踪类游戏会让我们快速兴奋起来，而兴奋感可以让我们的注意力维持在较高水平，因此这类游戏尤其适合多动型儿童。本游戏正是根据这样的特点所改编，可以通过视觉训练，有效提升儿童的情绪和行为控制力。游戏的适宜年龄以及所训练的相关技能等信息如下表所示。

操作雷达	适宜年龄	3+ 岁	技能雷达	视觉专注	☆☆☆☆☆
	参与人数	2～4 人		听觉专注	—
	趣味性	☆☆☆		行为控制	☆☆☆
	竞技性	☆☆☆☆☆		情绪控制	☆☆☆☆
	游戏时间	20 分钟		言语统合	—

➲ 游戏材料

纸杯、便笺纸或迷你玩具

➲ 游戏规则

（1）根据简单的规则选择“挑战方”和“布阵方”。

（2）在地板或桌面上陈列 6×6（共 36 个）的一次性杯子矩阵。

（3）选择 36 张同样规格的便笺纸，在 3 张便笺纸上分别写“迷”“魂”“阵”，其他保持空白。也可选择可区分的迷你玩具。

（4）先将空白的纸张折好，扣在杯子底下，确保不会因移动而露出。

（5）最后，将写好字的便笺纸折好，扣在剩余的杯子底下，确保所有人知道这 3 个杯子以及下面对应的字。

（6）“布阵方”在“挑战方”可观察的角度，以两两杯子对调位置的方式，操作 5～10 次，每次操作后，把手移开矩阵，给予“挑战方”1～3 秒的记忆时间。

（7）全部完成后，让“挑战方”依次掀开 3 个杯子，并找出对应“迷”“魂”“阵”的 3 张便签，最后打开查验。

（8）便签上有字且顺序正确的计 2 分，有字但顺序不正确的计 1 分，无字的不计分。

（9）记好分数后，更换挑战者，直到所有人完成。

（10）游戏可进行多轮挑战，最后计算总分数。

➲ 注意事项

- ✧ 一定要选择光滑的平面操作，以免因操作不当，暴露字条。
- ✧ 年龄较小的儿童，或情绪亢奋的儿童，可能存在因行为冲动而破坏规则和推进游戏的表现，因此需要在游戏前，向他们演示标准的操作方式，并让他们操作直到达到标准。
- ✧ 儿童在游戏中可能存在因冲动而破坏游戏设置的行为，我们要做好心理建设。
- ✧ 当儿童情绪紧张时，我们要适度给予安慰或引导其使用调节情绪的技巧。
- ✧ 可通过增加或减少一次性杯子的数量来提升或降低难度。
- ✧ 可通过增加移动次数和减少记忆时间来提升游戏难度。

第 58 章

飞镖游戏

飞镖游戏是一种操作简单，用时短，对行为统合能力、短期集中注意水平要求较高，竞技对抗弱，延展性丰富的游戏。而这些特点与多动型儿童的特质极为匹配，常常让他们停不下来。因此，游戏本身就是最好的激励强化物。我们在游戏中加入了心理投射和随机奖惩的元素，使这个游戏更丰富，可以很好地辅助日常生活管理，让生活充满趣味和挑战。游戏的适宜年龄以及所训练的相关技能等信息如下表所示。

操作雷达	适宜年龄	6+ 岁	技能雷达	视觉专注	☆☆☆
	参与人数	1～2 人		听觉专注	☆
	趣味性	☆☆☆☆		行为控制	☆☆☆☆☆
	竞技性	☆		情绪控制	☆☆☆
	游戏时间	15 分钟		言语统合	☆

➲ 游戏材料

游戏飞镖（建议选择安全的磁性材质）

➲ 游戏规则——标准竞技

（1）在初始游戏前成人需要教导儿童基本的投掷要领并引导他们练习，确保儿童能够完成基本的投掷操作。

（2）根据儿童的能力，选择投掷距离，一般在 1 ～ 3 米之间，成人要选择略超出自己能力的距离，或选择用左手投掷。

（3）按照记分竞技的方式进行游戏。

（4）当儿童熟练后，适度调整距离。

➲ 注意事项

- ✧ 要注重对儿童投掷姿势和技巧的训练，因为缺乏必备的投掷技能，孩子会很难击中目标，开始的兴奋感很快因屡次挫败而消散，最终变成对游戏的拒绝。
- ✧ 成人要表现出与儿童水平相当的竞技状态，让儿童因竞技结果而持续努力，这也要求我们在游戏之前成为一名熟练的操作者，可以在一定程度上掌控结果。
- ✧ 成人要表现出对成绩的在意和敏感性，哪怕是装出来的，这可以激发孩子的动机。

- 可以根据游戏结果给予孩子一定的奖励，但无须过大，因为游戏本身就已经是奖励了。
- 投掷游戏有一定的风险性，确保嘱咐儿童不要将飞镖指向人。

➲ 游戏规则——心愿检测

（1）选择特定的时间段进行游戏，一般由成人发起，每轮每人3支飞镖。

（2）投镖前，要清晰地表达一个心愿，应用相同的句子主干，比如“我喜欢……”“我愿意……”“我讨厌……”“我害怕……”。

（3）表达完心愿后，立即投镖，根据投出的环数来检验自己心愿的“准确”程度。

（4）根据完成结果来总结心愿程度，如“看来你真的没那么喜欢骑自行车”“天啊，原来你真的不喜欢一个人睡觉”“你原来只有那么一点害怕班主任啊”。

（5）一方投完后，交由另一方投。

➲ 注意事项

- ✧ 该游戏源自经典的游戏治疗技术，家长可以通过儿童的“愿望表达”了解儿童的真实想法，并以此作为了解儿童的重要方式。
- ✧ 在表达心愿时，我们一般要先讲“喜欢的”，再触及“讨厌的”或“恐惧的”。基于早期的保护机制，儿童往往不喜欢谈论恐惧，因此，除非我们感知到儿童近期情绪或行为异常，想要了解是否存在负性事件，否则不需要刻意谈论。
- ✧ 有时也可以由儿童发起，这减少了我们的主观引导性，会更好地投射出儿童的内心世界。
- ✧ 不要过于在意结果，虽然我们会表现得十分笃定。
- ✧ 当触及重要的想法或情结时，儿童有时会对结果极为不满，这时我们要给予符合儿童心愿的解释，并允许他们重新投掷。一般解释的方式如“怎么会这样，你是不是刚刚没有在心中默念啊”“肯定是我刚才影响你投了”“我觉得你一定是有点紧张了，让自己的发挥失常”。

➲ 游戏规则——命中注定

（1）引导儿童表达自己的一个或多个愿望（或需求）。

（2）将愿望对应指定的区域，注意越重要的愿望对应越小的格子，也可以按照靶数对应愿望的层级，如 30 环——买一个机甲超人，20 环——买合金汽车，10 环——买一包对战闪卡。

（3）在不确定是否给予奖励时，可以引入这个游戏，根据结果决定是否给予儿童奖励。

（4）可在常规激励中，把游戏作为一种奖励。

（5）可把“愿望”改成“免责”，并引入惩罚机制。

➲ 注意事项

- ✧ 该游戏可灵活使用，但不建议频繁进行，也不要引导儿童形成“赌”的心理。
- ✧ 对标准的设定，要略高于儿童的能力水平，使儿童实现愿望的概率在 10% ～ 30%。
- ✧ 儿童往往因无法实现愿望而耍赖，此时要注意简单安抚儿童的情绪，但不要过于纠缠，让孩子形成认赌服输、尊重现实的心理认知。

第 59 章

木头都知道

该游戏是对常规的听觉训练和模仿训练的改进，加入了更多幽默的元素，让游戏的执行过程充满趣味性，也更具吸引力。游戏采取逐步提升难度的机制，强化了对儿童记忆力的训练。同时游戏还涉及认知、书写、阅读等能力的运用，可以根据儿童的发展情况，增加对其相应能力的训练。游戏的适宜年龄以及所训练的相关技能等信息如下表所示。

操作雷达	适宜年龄	3+ 岁	技能雷达	视觉专注	☆
	参与人数	2+ 人		听觉专注	☆☆☆☆
	趣味性	☆☆☆☆		行为控制	☆☆☆☆
	竞技性	☆☆☆		情绪控制	☆☆☆
	游戏时间	10 ～ 20 分钟		言语统合	☆

➲ 游戏材料

卡片、记号笔

➲ 游戏规则

（1）准备好20～50个空白卡片，选定5～10个名词，填写在卡片上，确保涵盖所有的词汇，并出现不同的重复频率。如：

南瓜、西红柿、白菜、南瓜、南瓜、西瓜、萝卜、萝卜、白菜、萝卜、南瓜……

（2）首先选择一个词语，并为其设计动作，确保所有游戏参与者都明确这个词语和动作，如“白菜”，动作为“双手绽放”。

（3）通过简单的方式选择“指令方”和“挑战方”，“指令方”为一人，“挑战方”可一至多人。

（4）“指令方”按照一定的节奏依次说出词卡上的词，每当涉及拥有动作的词，“挑战方”就要做相应的动作。

（5）一轮卡片全部完成后，“指令方”明确表述“结束”。如果这一过程中，“挑战方”全部准确完成，“挑战方”紧接着说“木头都知道！”表示胜利。如果不能完全准确完成，“挑战方”说“木头比我强！”表示失败。

（6）一轮结束后，角色互换，并且选择一个新词编制动作，按照之前的规则再来一遍，这次充当“挑战方”的人，需要在上一轮的基础上增加新的动作表达。

（7）直到为所有的词语编制动作后，或双方都选择弃权，游戏结束。

➲ 注意事项

- ✧ 根据儿童年龄和能力的不同，初始设置可直接锁定更多的词汇。
- ✧ “指令方”通过调整朗读速度来提升难度，但需要清晰准确。
- ✧ 多人游戏时，可增加额外竞技性元素，比如，每轮淘汰最后完成的一方。
- ✧ 卡片尽可能使用剪裁后的软白板纸，这样可以重复利用，也可以购买一些价格便宜的儿童认知卡片，或搜集孩子不用的玩具进行废物利用。

第 60 章

要多长有多长

多动症儿童通常看起来慌慌张张、冒冒失失。“要多长有多长”游戏的本质是“扩句”训练，除了具有提升儿童言语能力的一般作用外，该游戏还可以有序地提升儿童思维的稳定性和发散性。家长在操作中还可以对儿童当下的能力水平进行量化评估，并有序地进行目标设定。该游戏简单，可以灵活运用于生活中的各类场景。

操作雷达	适宜年龄	5+ 岁	技能雷达	视觉专注	—
	参与人数	2+ 人		听觉专注	☆☆☆
	趣味性	☆☆☆		行为控制	☆☆
	竞技性	☆☆☆		情绪控制	☆☆☆
	游戏时间	10 ～ 20 分钟		言语统合	☆☆☆☆☆

➲ 游戏材料

无

➲ 游戏规则——专属游戏形式

（1）通过简单的方法选择一方为“发问方”，另一方为“挑战方”。

（2）“发问方”说出一个简单的句子，仅仅包括主语、谓语、宾语，如“我上山”。

（3）“挑战方”首先重复“发问方”的句子，要求与该句子完全一样，若出现错误，挑战失败，然后变换角色或重新出题。

（4）若复述成功，“挑战方”在原句的基础上添加一个修饰元素，如“我上大山”“我跑步上山”“吃完饭后我上山”。

（5）“发问方”重复“挑战方”的句子，若不能完全一致，“发问方”失败，若成功，再为这句话添加新内容，如“我上大山放羊”“我穿鞋跑步上山”“跟妈妈吃完饭后我上山”。

（6）按照上述规则继续，直到一方无法完成。

（7）记录儿童拓展长句的元素数量，用于评定儿童的言语能力水平。

➲ 注意事项

- ✧ 首次游戏需要充分向儿童举例解释。
- ✧ 对年龄较小的儿童可以借助玩具，进行类似句子接龙的玩法。
- ✧ 每次添加一个最简单的修饰元素，比如，不能从“我上山”直接变成“我上山采药治病”，“采药”“治病”为两个修饰元素。
- ✧ 家长要善于加入有趣的元素，通常越不合理越有趣。
- ✧ 当儿童能力与成人水平相差较大时，成人要根据儿童的最近发展区①来设定自己的完成水平，如果儿童的拓展元素数量为 3 个，那么成人应在第 3 轮或第 4 轮故意输掉。

➲ 游戏规则——生活化游戏

（1）在孩子情绪平缓的时候告诉孩子，以后在生活中的某个特别时刻会引入这个游戏，如果孩子挑战成功，可以获得积分奖励，如果失败则停止当下的需求满足。游戏开始的信号是由父母说“要

① 最近发展区是由著名心理学家维果茨基提出的教育心理学理论，他认为儿童发展应关注两种水平，一种是儿童当下具备的水平，另一种是儿童通过教育或干预可以达到的水平，而两者之间的差异区间就是最近发展区。

多长”，孩子说“有多长”，随后由家长充当发问者，进行一次游戏。成功标准可以是战胜父母，也可以根据儿童的最高游戏水平制定成功标准，如儿童在过往游戏中的最高水平为加入 4 个元素，生活游戏的成功标准可定为 4 ～ 5 个元素，超过了这个标准则获胜。

（2）选定儿童有强烈需求的场景作为游戏的触发情境，比如“看电视”“出去玩”“吃零食”等，并且该情境下儿童常常表现出强烈的冲动性。

（3）当上述情境出现时，家长温柔地阻止儿童的冲动行为，询问儿童想要做的事，如“等下，等下……你要去干什么啊”，如果儿童情绪激动且无法清晰表述，可以继续耐心地提问，如“说说看，你到底想干什么”。

（4）当儿童可以准确地描述后，如“我要出去玩”，看着孩子的眼睛说“要多长”，引导孩子说“有多长”，并开始挑战。

（5）儿童只需挑战成功一次，即可进行他想要做的事情，并在激励表中给予一个积分。

➲ 注意事项

（1）执行前要确保儿童明白游戏规则，并乐于挑战，因此在动机激发期可强化激励的部分，并且选择在儿童对游戏充满兴趣的时候提及，尽量不要让儿童感觉增加了新的负担。

（2）加入游戏的主要目的是提升儿童延迟满足的能力，其次才是提升游戏的完成水平，切勿舍本逐末，因此趣味性和拖延性的意义远大于完成情况。一般来说，只要儿童在努力配合完成游戏，都让其通过。

（3）对于年龄较大的儿童，家长应提前关注与其语文课相关的教学内容，最好可以将其与游戏结合在一起。

（4）对于能力较强的儿童，可以用英文或其他语言完成游戏。

（5）当儿童具备良好的自控能力后，该游戏可取消。